クラス全員のやる気が高まる！

音読指導法

―学習活動アイデア＆指導技術―

土居正博 著

JN041575

明治図書

はじめに―音読を「指導」できるようになろう―

音読を一切行わない教室はありません。

音読を一度も宿題に出さない教師も恐らく一人もいません。

音読はそれだけ学校（特に小学校）で重要視されている学習です。

これは、私が小学生だった頃も、教師になった現在も同様です。小学生だったとき、私は毎日家で宿題の音読に取り組んでいましたし、教師になってからも子ども達に何の疑問もなく宿題に出してきました。

周りの先生方を見渡しても、皆さん当たり前のように音読を宿題として出しています。

この本を手に取られた読者の先生方も同様ではないでしょうか。

しかし、我々教師はそれくらい学校で重要視している音読を、子ども達に「指導」しているでしょうか。ただ「やらせているだけ」になっていないでしょうか。

音読の具体的なさせ方やポイントについて指導できているでしょうか。

クラスの子ども達は、音読に対して意欲的に取り組んでいるでしょうか。

音読が苦手な子に対して、どのような手立てをとることができているでしょうか。

そもそも、音読をここまで学校教育で重要視して行っているのはなぜなのでしょうか。教師がその意義をきちんと理解できているでしょうか。

私は、教師になってからずっと音読に対してこのような疑問を持ってきました。

思い返せば、初任者時代に音読の指導法について先輩から教わったことはありませんでした。

ですから、授業中に子どもに読ませても、「もう少し声を大きく」とか「そこは○○と読むよ」くらいしかアドバイスできませんでした。

そのため、クラスの子ども達が音読に意欲的に取り組むということもほとんどありませんでした。

このように、音読は学校で重要視されている反面、その指導についてはあやふやで宿題任せになっているのです。

つまり、たくさん「させて」はいても、「指導」はできていないということです。

たださせるだけでは、力がつくはずもありません。子どもも意欲的に取り組むはずがありません。

このようなことに気づいた私は、音読指導に力を入れ始めました。教師になって3年目頃のことです。

そうすると、やはり子どもは変わるのです。音読に対して飽き飽きした表情を浮かべていた子ども達が嬉々として音読活動に取り組み始めました。

学力が非常に厳しい子が音読をスラスラできるようになったことで自信をつけ、他の学習にも意欲的に取り組み始めたこともありました。

1年生を担任したときには、クラスの子ども達全員が教科書1冊丸ごと暗唱するまでに読み込んだこともありました。

「音読なんて……」とバカにしていた高学年の子ども達が教室中、学校中に響き渡るような声を出して音読に取り組むようになりました。教室が明るくなりました。

「ここ、誰か音読して」と投げかけると、ほぼ全員が「はいっ！」と立候補するようになりました。

全員がスラスラ音読できるようになっているから読解の授業では意見が止まらなくなりました。

皆文章を読み込んでいますから、市販テストなどは平均100点に近くなりました。

このように、音読指導改善の効果は無数にあります。

本書は音読を「指導」できるようになるための本です。

第1章は「理論編」です。ここでは、主に音読指導の意義についてまとめました。本腰を入れて指導を改善していくとなるとその意義をしっかり見つめ直す必要があります。あまり意義のないことに力を入れても仕方ないからです。また、私が実践を通してつかんだ音読指導に対する主張も述べています。これらをしっかり捉えていただくことで、これ以降の具体的な実践に一本の筋が通り、さらに効果的な指導ができるはずです。「理論（考え方）」をしっかりつかんでおくことで、子どもの状況に合わせて自分で実践を取捨選択したり、創ったりしていくことができます。

第2章は、「実践編」です。ここでは、理論編を踏まえた音読指導のポイントを具体的にまとめました。ただ読ませるだけか、抽象的になりがちな音読指導を具体的にしていくため、音読指導が変わっていくためのポイントをまとめてあります。全て私が実践を通しているものです。年間の時期ごとの指導方針などにも触れているので、実際に指導を構想していく際に役立つ章です。また、実際の「指導例」も入れました。音読の声は消えていく「音声言語」ですから、音読指導ではその場で即興的に指導していくことが必要とされます。そのため、具体的にどのように子ども達に話し、指導していくか、という指導例が役立つと考えたからです。すぐに音読指導を変えたいという方はこの章から読むといいかもしれません。

第3章は、「音読指導技術＆学習活動編」です。ここでは、細かい指導技術や実際に教室で使える学習活動を紹介していきます。明日から使え、そして効果の高い音読の指導技術を厳選してご紹介します。

本書を活用し、先生方のクラスの子ども達が音読好きになってくれれば、こんなにうれしいことはありません。

土居　正博

CONTENTS

第3章 必ず押さえたい音読指導技術&楽しく力がつく学習活動

第1章

音読の意義と
音読指導への提言

音読の意義とは

本書では音読の指導法について紹介していきますが、そもそも音読をすることには、子どもにとってどんな意義があるのでしょうか。

音読は学校現場で、暗黙の了解のごとく問答無用にほとんどの教師が宿題で出すくらい重要視されています。しかし、指導する側である教師は、その意義をしっかり把握しているでしょうか。そもそも、本当に大きな意義はあるのでしょうか。音読ができるようになると、どんなよいことがあるのでしょうか。反対に、音読ができないと、どんな不利が子どもに生じるのでしょうか。

このようなことを検討しておくことは、音読指導に力を入れ、改善していくための大きな裏付けになります。また、指導の方向性を決定する際にも役立ちます。指導に一本の筋が通り、ブレなくなり効果的な指導ができるようになります。

まずは音読の意義について、様々な角度から考え、まとめていきましょう。なお、本章は様々な論文や研究をもとにまとめています。本文中でそれらに言及しすぎると煩雑になるので、最低限触れるに留め、詳しくは章末の注にまとめてありますので、詳しく知りたい方は、そちらも合わせてご参照ください。

①これまでの学習指導要領における音読の位置づけられ方

初めに、これまでの学習指導要領でどのように位置づけられてきたかを見ていきましょう。

このことに関して詳しいのが龍野（２０１３）です。同論文では、学習指導要領上の位置づけの歴史を次の三つに区分しています。（それぞれの時代の詳細などは注1）

○「音読退行の時代」：音読・朗読に関する記述が体系化されず、黙読の前段階として位置づけられた時代（昭和22年版～昭和33年版）
○「音読復権の時代」：音読・朗読に関する記述が体系化された時代（昭和43年版～平成元年版）
○「音読定着の時代」：読むことの中に（学習指導要領上は）定着する時代（平成10年版～平成20年版）

これまでの学習指導要領においては、音読は非常に軽視されていた時代を経て、学習指導要領に定着する現在に至ることが分かります。

②現行学習指導要領における音読の位置づけ

平成29年告示学習指導要領にて、音読は「指導事項」と位置づけられています。周知のように平成29年告示学習指導要領では、国語科の内容を「知識及び技能」「思考力、判断力、表現力等」に分けています。

そして、音読が一見最も関わっていそうな「C読むこと」は「思考力、判断力、表現力等」の中に位置づけられているにもかかわらず、音読は「知識・技能」に位置づけられています。このことに関

しては、『小学校学習指導要領解説　国語編』にて、次のような説明があります。(20ページ)

指導に当たっては、〔思考力、判断力、表現力等〕の「C読むこと」だけでなく、〔知識及び技能〕の他の指導事項や〔思考力、判断力、表現力等〕の「A話すこと・聞くこと」、「B書くこと」の指導事項とも適切に関連付けて指導することが重要であるため、今回の改訂では、「知識及び技能」として整理し、ここに示している。

実は　音読は前回の学習指導要領では、「読むこと」の中に指導事項として位置づけられていました。このことも踏まえて私なりに考えると、平成29年告示学習指導要領では、音読は「読むこと」だけでなく他の指導事項や他領域とも関わり、より基礎的で広範囲な力として位置づけがされていると言えるでしょう。

それでは、さらに詳しく学習指導要領及び解説の記述を見ていきましょう。

平成29年告示学習指導要領における音読の学習内容は、次のように書かれています。

第1学年及び第2学年
ク　語のまとまりや言葉の響きなどに気を付けて音読すること。
第3学年及び第4学年
ク　文章全体の構成や内容の大体を意識しながら音読すること。
第5学年及び第6学年

ケ　文章を音読したり朗読したりすること。

また、『小学校学習指導要領解説　国語編』では、音読の機能について次のようにまとめています。（49ページ）

（1）自分の理解を確かめること
（2）自分の理解を表出すること

これらの記述と先に述べた音読の指導事項の位置づけを合わせて考えると、平成29年告示学習指導要領において音読は、「読むこと」の指導内容よりもさらに基礎的で広範囲的なことと捉えつつ、「表現」をしながら「理解」をするという、二面性をもち合わせた、非常に「幅の広い」学習だと捉えていることが分かります。

このような、ある意味「どんなことにも音読は関わっていますよ」とさえ取れる学習指導要領の記述は、音読の基礎学力としての重要性を表しているとともに、その実体をあやふやにしているともいえると私は考えています。ここからも、音読の重要性は何となく理解できても、そこにどんな意義があるのかよく分からない、という教師や学校教育の実態があることが分かります。

③一般社会から見た音読の意義

次に、教育という世界を一旦飛び出して、一般社会から「音読」というものの意義を見つめてみましょう。その意味で2000年代初頭からの「音読ブーム」に関する情報が役立ちます。

2000年代初頭、「脳を鍛えられる」として、音読がブームになりました。その火付け役は川島（2002）です。音読や計算は前頭葉を活性化し、脳を鍛える効果があり、脳を鍛えれば他の脳活動も活性化される、という主張でした。この主張のもと、音読は一般に広がりを見せたのです（注2）。

また、齋藤（2001）もこの「音読ブーム」をつくる大きな役割を担いました。齋藤（2001）は日本から暗唱文化が消えつつあることを危惧し、名文を集め、何度も声に出して読みながら暗唱することを提案しています。齋藤の主張は、「最高のものを型として反復練習し、自分の技として身につける」（207ページ）という言葉にあるように、音読を推奨するというよりも名文を暗唱し、型を習得したり、日本語の感性を養ったりするということに重きを置いていたものだと考えられます。

しかし、「声に出して読む」という点においては暗唱も音読も軌を一にするので、この齋藤の主張も、音読の一つの効果例として「音読の意義」を検討する上で大いに参考になると思います。

④国語科教育学の知見から見た音読の意義

次に、国語科教育学の知見を見ていきましょう。音読が最も研究されていそうな学問、国語科教育学では音読指導の意義はどのようにまとめられてきたのでしょうか。

実は、そもそも国語科教育学の中でもあまり研究は蓄積されてきていませんでした（注3）。

そのような状況の中ですが、1990年頃からは音読・朗読の実践研究がやや盛んになってきたようです（注4）。

その中の代表例として荒木（1989）を取り上げます。同書は、音読指導法の紹介に留まらず、音読指導の歴史や意義にも触れている、重要な先行研究だと私は考えています。同書には、荒木自身が音読指導を実践する中で見出した音読の意義がまとめられています。「文章の音声表現で、読みとりの程度がつかめる」という具体的なものから「人間関係に直結する」というやや抽象的なものが挙げられています（注5）。

次に、国語科教育学において提案されてきた先行研究を概観し、その中から指導すべき意義ともいえる「指導観」を抽出した龍野（2013）に注目します。この中で「音読は単なる黙読の前段階」と捉えられ、その指導に消極的であった時代を経て、「音読で理解・表現する」という意義を見出し、その後「音読の技能そのものが国語の学力」であり「声に出して読むこと自体に価値がある」という指導観に至ったということが述べられています。龍野の研究で重要なのは、現代は、音読そのものに価値があると捉えつつも、「音読自体が国語学力である」と捉える指導観と「声に出して読むこと自体に価値がある」という二つの側面があることを見出した点にあると私は考えています（注6）。

最後に、音読指導の実践を概観し、それらの実践の中から、実践者の音読指導観を分析した松浦（2019）に注目してみましょう（注7）。松浦は、実践者においては、「読み取りのため」「理解のため」「読解力向上のため」という「読む力として」的側面よりも、「声に出して読むこと自体に価値がある」「音読して感じ取る」などといった「言語感覚を養う」という感覚的な側面の指導が無自覚的にではあるが主になりがちだということを述べています。これは私の実践者としての感覚からしても、非常に頷ける話です。

国語科教育における音読指導の意義

「読む力」を伸ばす意義	「感覚的」な側面を伸ばす意義
○主に「理解」の側面。 ・黙読の初歩段階としての位置づけ。 ・音読することで理解を確かめたり、深めたりする。 ・音読する技能そのものが国語の学力である。	○主に「表現」の側面。 ・話すことの練習としての位置づけ。 ・声に出して読むことでリズムを感じ取ったり、言語感覚を磨いたりする。 ・読み取ったことを朗読で表現する。 ・声に出して読むこと自体に価値がある。

古→新

以上、国語科教育学の立場からは、主に荒木（1989）、龍野（2013）、松浦（2019）の三者による音読指導の意義、指導観に関する知見を見てきました。

それらを整理したのが上の表です。それぞれの項目の中身は、読みやすいように簡素化しました。また、下にいくほど新しい意義、価値観がくるように配列しました。

興味深いのが、最下層の新しい二つの意義は、「音読そのもの」に意義を見出しているという点で共通しているということです。しかし、実質的に実践は「言語感覚」の方に偏りがちであることが分かりました。そのため、音読が読む力としてどのような意義をもつのか、を考えていく必要があります。それが、実践の場において感覚面に偏重しない指導を可能にすると考えます。

⑤他の学問の知見から見た音読の意義

音読の意義や効果に関しては、心理学など国語科教育学以外の分野の学問からも知見が示されています。私は、前項で明らかになった、音読指導実践が感覚面を重視したものに偏りがちだという課題は、国語科教育学以外の知見に学ぶことで解決の方途を見出せるのではないかと期待しています。

心理学を中心とする音読を研究対象としている他学問では、音読は黙読と比較しながら研究されることが多くあります。

その内容に目を向けると、音読後と黙読後の読解成績を比較、分析しています。田中（１９８９）によれば、読み手の年齢や習熟度との関連から整理すると、年齢が低く読む力が未熟なほど、黙読よりも音読の方が理解を促進する傾向が強いことは明らかになっているようです。この知見は、特に小学校段階において音読指導を行うことの重要な意義づけになり得ると思います（注8）。

また、荻布・川崎（２０１６）では、音読（スラスラ読み上げる力）と学力とは相関関係にあるということをデータから導き出しました。また、学力が低い層の方がその傾向はより強いということも明らかにしました（注9）。つまり、スラスラと読み上げるという意味での音読する力は、学力全体と大きく関わり、学力が低い子達ほど、音読する力も低いことが分かったのです。これは、先に挙げた「音読する技能そのものが国語の学力である」という捉えを裏づけるものになり得ると思います。

そして、髙橋（２０１３）では、読解能力の育成における音読の役割について、次のように述べています（102ページ）。

音読の流暢さと読解能力の間には高い相関があることは多くの研究から示されており、（中略）就学前の児童は話し言葉を使用し、就学後に書き言葉を使用するという言語発達の過程と照らし合わせると、書き言葉を理解する際にその文字の音の情報、すなわち音韻表象が重要な役割を担うことは想像に難くない。読解能力を習得させるためには、まず書かれた文字情報の音韻表象を生成して利用する過程の実行を促す必要があるだろう。

「書かれた文字情報の音韻表象を生成して利用する過程」とは、音読をすることに他なりません。音読が読解能力の習得過程に必要だという可能性を示唆しているのです。これは、「音読自体が学力として重要」だという裏づけにもなりますし、「読みの能力の発達における音読の役割」を説明していることにもなります（注10）。

⑥音読の意義についてのまとめ

ここまで、「学習指導要領から」「一般社会から」「国語科教育学から」「他の学問から」という視点で「音読の意義」について見つめ直してきました。おさらいしておきましょう。

学習指導要領の記載からは、音読には「理解」と「表現」の二つの側面があると捉えられ、「読むこと」領域よりもさらに広く、より基礎的な事項として意義づけられていることが分かりました。

そして、音読は広く一般社会にも広がっていて「脳を鍛える」という効果があるとされてきたことが分かりました。

国語科教育学においては、音読の意義は「感覚的な側面」と「科学的な側面」の二つがあるとされてきており、実践は「感覚的な側面」を意識したものに偏っていたことが分かりました。

国語科教育学以外の学問、主に心理学からは、音読の流暢さが読解能力や学力全体と相関することなどが分かりました。

これらをまとめて音読の意義、音読指導の意義として次に示します。

○音読の意義

・音読は「読むこと」の枠に収まりきらない非常に広く基礎的な力である。読解力や国語科学力、全体的な学力とも相関があり、それらの基礎になっているといえる。

○音読指導の意義

・音読指導には「感覚面を養う側面」と「読む力を養う側面」とがある（現状、実践者は「感覚を養う側面」を重視した実践をしがちである）。

・音読指導の「読む力を養う側面」は、子どもの読解力、学力に関わる大きな意義がある。

ここから分かるのは、音読指導の重要性と、音読指導とひと口で言ってもその実態は様々だということです。読解力のみならず国語科学力、全体的な学力とも相関があるということは、義務教育段階では是が非でも全員に保障したい力ということになります。音読指導を見つめ直すには、この意義は非常に重要です。また、指導の実態が様々なのは、音読指導でねらっていることが違うからなのです。

ここで明らかになった音読指導の意義も踏まえつつ、次項からは、音読指導の際に気をつけるべき点や現在の指導から変えていくべき改善点などについて、私が実践から導き出した理論的提言を行っていきます。

▼なぜ、今「音読指導」なのか① 「指導」しているとは言えない現状

前項において、音読指導の意義について考察し「学力全体の基礎になっている」ということを明らかにしてきました。

しかし、それだけ重要な音読について、現状学校教育においてしっかり「指導できている」と言えるでしょうか。

私は「否」だと考えています。

確かに、子どもに「させて」はいます。毎日宿題にして、家でやらせてはいます。しかし、教室で子どもに音読をさせ、一人ひとりに指導している先生はわずかである、というのが私の考えです。

そして、このように考えているのは私だけではありません。例えば少し前の文献になりますが、青木（1989）では学校での音読指導の実状について述べられています。

わたしは年間、かなり多くの授業を見せてもらいます。たいていどの授業でも、子どもたちは、音読をしています。教師も音読をさせています。しかし、あれは確かに音読の指導だ。この読み声は、まぎれもなく音読指導の成果であるというような、音読に出会うことはめったにありません。

私もこの考えに賛成です。

この背景には、国語の授業が読解中心になっていることが挙げられるでしょう。

国語の「読むこと」の時間では登場人物の心情を読み取ったり、説明文の構造を話し合ったりするなど、いわゆる「読解」に多くの時間が割かれています。指導書や書籍などの指導プランを見ても、ほとんどがそのようなものになっています。

読み取らせたいことや考えさせたいことが山ほどあり、とても音読指導まで手が回らない、といった感じでしょうか。

私も、これまでに高度なことを読み取らせようと意図する国語の授業をいくつも拝見しました。

しかし、子ども達が音読する場面では、ボソボソと小さい声でたどたどしい音読をする子が少なくないことが度々ありました。このような状況で高度な読解など成り立つでしょうか。

学力が高い子しかついていけず、音読もたどたどしくしかできないような子は置いてけぼりになってしまうのではないでしょうか。

前項で見てきたように、音読は読解力の基礎ともなる重要な力です。

それをおろそかにして、読解ばかり行わせようとするのは、砂上の楼閣を築くことになります。

もう一度、我々教師が音読指導を見つめ直して、子ども達の読解力の基礎を強固なものにしていく必要があると思います。

音読カードを渡して「家でやっておくように」と指示するだけでは到底「指導」しているとは言えません。教師がきちんと音読を「指導」できるようになっていくべきなのです。

▼なぜ、今「音読指導」なのか②

誰でも取り組めて、成長が分かりやすく、達成感を得やすい

教師が音読指導に強くなることにはどんなメリットがあるのでしょうか。

まず、音読は読字障害（ディスレクシア）の子を除いて、基本的にどのような子どもでも取り組むことができます。

私は今まで、前年度担任から「学習が極端に苦手」「取り出し指導が必要」などと申し送られてきた子を何人も担任しました。

現在の学校現場において、必ずこのような子はクラスに数人は在籍しています。

例えば、前年度学習した漢字テストでほとんど0点であったり、市販テストでさえ2～3割くらいしか点数を取れなかったりする子です。

しかし、このような子達でも、音読はきちんと指導していけば、それなりにスラスラ読めるようになっていきました。

年度の初めはボソボソと自信なさげに音読していたのが、年度終わりには一人で読むことに立候補し、しっかりとした声で音読するようになっていきました。

このように、音読は基本的に誰でもできるようになる領域なのです。しかも、音読に取り組まない学年はなく、全学年で取り組むことになります。一方、例えば読解指導においてはなかなかそうはいきません。高度な内容の話し合いになるとどうしても理解しきれない子も出てきます。全員が取り組

めたとは言い難い状況に陥りがちです。

つまり、音読指導ほど、教師にとって「つぶしの効く」領域はないということです。得意になっておいて全く損はないのです。どの学年をもっても、どんな子をもっても、武器になります。

また、音読は、一般的に子ども達が自分の成長を感じにくいとされる国語科の中でも、漢字と並んでそれが分かりやすく、達成感を得やすい領域です。

残念ながらどの学年でもしっかりと音読指導を受けてきていないことが多いため、少しでも音読指導をするようになると、子ども達の音読はすぐに変わります。音読への姿勢も変わっていきます。

すると、子ども達は音読に対して自信を持つようになります。以前よりもスラスラ読め、自分の読む声も変わっていくのを誰よりも自分が分かるからです。

授業中に「次の文、誰か音読して」と投げかけると、「はいっ！」とほぼ全員が立候補するようになっていきます。

どの教科でも、教科書に書かれていることを声に出して読むことに嬉々として取り組むようになります。

一方、他の国語科の領域ではなかなか達成感を得にくいものです。例えば、読解において「自分は深く読み取れるようになった」と思える子は、最初のうちは少数でしょう。

つまり、子ども達が達成感を得やすく、良い意味で変わっていきやすい領域だと言えます。

このように、教師が音読指導に強くなっていくことのメリットは、教師側にも子ども側にもたくさんあるのです。

▼音読指導で伸ばしたい力① 国語科としての教科内容的観点から

音読指導で、子ども達のどんな力が伸ばせるのでしょうか。

私は、音読指導によって伸ばせる子ども達の力は多岐にわたると考えています。子ども達一人ひとりの読む力を伸ばすということから、一人ひとりが学習に向かう姿勢やクラス全体の雰囲気をつくることまで、様々な効果があります。

様々な力を伸ばせるからこそ、そのねらいがぼんやりとしてしまいがちです。ですから、ここでは音読指導で伸ばしたい子どもの力についてまとめておきましょう。

まずは、国語科として、「教科内容的」な観点から考えておきたいと思います。本書では「感覚」よりも「読む力」の側面を重視し、その中でも欠かせないのが「**文章をスラスラと読み上げる力**」です。

市毛（1991）では、「すらすら読めるということと読解力があることは、ほとんど同義であると言ってよい」と述べられています。本書でもこの立場をとります。

教育心理学の研究などでも、流暢に読み上げる力が高い学習者の方が読解力が高いということは多数の論文で述べられていますので、音読は読む力及び他の国語科の力の「基礎」という重要な意義があることが分かります。

これは、普段実践をしていても分かることです。

たどたどしくしか音読できない子は、文章の内容理解もあまりできていないことが多く、逆に深い読みができるのに音読でつっかえる子はほとんど見たことがありません。

もちろん、音読ができるようにすれば深い読解もできるようになるということではありません。しかし、音読もできないのに深い読解などできません。そのため、音読指導をしっかり行い、「文章をスラスラと読み上げる力」をつけることで全員に読解のための基礎を保障できるということです。

しかも、音読で読み上げた自分の声を自分の耳で聞くことで、内容をより確かに理解することもできます。大人でも、難解な文章を読む際に黙読だけでは内容が頭に入ってこなかったとき、音読して内容を確かめることがありますよね。あれは、ゆっくり音読してその内容を耳で聞いて確かめているのです。

これらの理由から、「スラスラと読み上げる力」は音読指導を通して最も育てたい力です。

スラスラ読み上げる力に加えて、**「自分の理解したことを表現する力」**もぜひ育てていきたいです。

これはどういうことかというと、自分の読み取った筆者の意図や登場人物の心情を音読で表現するということです。

例えば、説明文では筆者の強調したい主張を読む際は強く読んだり、間を空けて強調したりすることができます。物語では、登場人物の心情に合わせて高低や間を使い分けて表現することができます。

しかし、この**「表現する力」に関しては、全員に保障していく、というのはなかなか難しい**ことです。自分の読み取ったことを表現しようとしても、表現しきれない子も出てきます。また、それを聞いている側も読み手の意図をなかなか読み取ることができません。そのため、「スラスラと読み上げる力」を最優先としつつ、「表現する力」もねらっていく、というスタンスがよいと思います。

▼音読指導で伸ばしたい力② 教育内容的観点から

次に、国語科の枠に当てはまらない「教育内容的観点」から考えておきましょう。

まずは、**自分からみんなの前で読もうとする「積極性」**です。

音読は、書いてある文章を声に出して読むことですから、いやでも人前で自分の声を出さなくてはなりません。

自己を開示して、皆の前で声を出すことが求められるのです。

音読を通して「積極性」を培っていけば、ゆくゆくは皆の前で自分の考えを発表する力などにもつながっていきます。「人の前で声を出す」という点において音読と共通性があるからです。

よく、「うちのクラスの子達は全然発言しなくて……」という先生がいらっしゃいますが、そんなクラスでは「次の文、誰か音読して」と尋ねても、誰も立候補しないことが多いです。

音読にすら立候補できないのであれば、自分の考えを言うことになど立候補するわけがありません。

逆に考えると、クラスの子ども達の積極性を伸ばし、たくさんの発言が出たり、「〇〇してくれる人？」と聞いたらたくさんの立候補者が出たりするには、音読から鍛えていくと有効だと言えます。

音読は自分の意見を発表するのと違い、書いてあることを読み上げればよいのでハードルは下がります。それでいて、「人の前で声を出す」ということには変わりはありませんので、そういうことの耐性がついていき、鍛えられていくのです。

人前で話をしたり、自分の考えを言ったりするのは日本人が苦手であると言われてきたところです。音読は一見これらの力と関係がなさそうですが、「積極性」を伸ばし、人前で声を出す度胸がついてくるのです。

また、声を出すことに関連して、**「前向きさ」「明るさ」**も伸びてきます。音読指導に力を入れると、ボソボソと読むのではなく、明るく、張った声で読むようになっていきます。しっかり声を出すことで、その子自体やクラス全体が明るく前向きな雰囲気になってきます。

ここまでを聞くと「根性論」のような感じがして嫌悪感を抱く方もいらっしゃるでしょうが、実際子ども達に指導してみると分かります。

ボソボソと読ませていたときと比べて、明らかに子どもの表情や姿勢が変わってきます。一人ひとりが変わると、クラス全体が変わっていきます。

かく言う私も、大学院時代「読むこと」の研究をしてきて、いかに深い読みをさせるか、ということばかり考えてきました。

ですので、教師になってすぐの頃は、音読になど全く力を入れる気がありませんでした。しかし、あるセミナーに参加したとき、子ども達の音読について熱弁されている講座を受けました。それから、「音読って重要なんだなぁ」と思い、指導に力を入れることにしました。

すると、やはり子どもが変わったのです。子どもは、特に小学校段階の子どもは、小難しいことを話し合うよりも声に出して読むことの方が楽しく感じることも多いようです。積極的に音読させ、声を出させていくことで、子ども達が前向きに、そして明るくなっていきました。

▼二極化する音読指導―積極派と消極派の間を目指す―

「はじめに」や「なぜ、今『音読指導』なのか」にて、音読を「指導」できるようになろうと述べました。

現場ではほとんど音読を指導していなく、「やらせているだけ」になりがちだと批判しました。実は、このような現状を嘆き、たくさんの音読指導の本が出されています。しかし、それらに目をやると、どれも「ここまで音読に時間を割けない」と思われるようなものが多いのも事実です。

例えば、教科書教材以外の音読教材をたくさん読ませる指導法をすすめる本もあります。

このことは、悪いことではなく、むしろ良いことです。

たくさんの名文に触れることは、子ども達の言語感覚を養う上で非常に重要です。齋藤（2001）でも主張されています。しかし、現状では教科書教材を進めるだけでも「宿題任せ」になってしまうのに、他の文章を持ってきて音読させようと思える先生はなかなかいないでしょう（初任時代の私も、「いや、これ以上無理だよ」と思ってしまったでしょう）。

他にも、子どもに高い朗読技術を指導していくものもあります。しかし、それには、多大な時間と労力がかかってしまいます。

この現状から、学校現場における音読指導の現状の問題点が見えてきます。

それは、**音読を積極的に行うべきという「積極派」**と、**音読は宿題任せという「消極派」との乖離**

です。前者は音読指導に力を入れることによるメリットを知っている方たちです。後者に比べれば圧倒的に少数派でしょう。一方後者は多数です。むしろ、「自分は音読指導ができていない」という自覚もないような状態だと考えられます（数年前の私がまさにこの状態でした）。

このように、「積極派」と「消極派」との乖離は、教育においてどの分野でも大なり小なり起きていることでしょう。

例えば「プログラミング教育」一つとってみても、その様相は見られます。積極派は積極的に研究し推進しますが、消極派はまだまだ学ばなくてもいいでしょう、という態度です。教師一人ひとりに考えはありますから、ある程度は仕方ないことです。

しかし、**音読に関しては「仕方ない」などと悠長なことは言っていられません**。

なぜなら、これまで見てきたように音読できる力は読解力のみならず、学力全体に関わることだからです。つまり、これが**疎かにされることによる、子どもへの負の影響が大きすぎる**のです。

消極派の先生方が、音読指導の重要性に気づくとともに「これならやれそうだ」と取り組んでいけるような提案が必要です。

そのためには、まずは全員の目の前にある教科書を用いて、それを思いきり活用する形での指導法の提案こそが重要だと思うのです。**普通の授業も進めながら、無理なく音読指導にも力を入れていける提案です。そんな提案を目指したのが本書です**。元々、読解の授業を専門としている私だからこそできる、「無理のない音読指導強化法」を第2章でご紹介していきます。

積極派の良いところを踏まえつつ、消極派の気持ちも汲んだ「中道」の提案こそ重要なのです。

▼音読指導のねらいの「階層化」の提案

「積極派」と「消極派」の中道を行く、「無理のない音読指導強化法」のために欠かせないのが、ねらいの「階層化」です。

先述のように、「積極派」は教科書教材以外の教材まで使用しつつ、たくさんの名文に触れさせ言語感覚を養うことまでねらっていました。

このことは素晴らしいことですが、なかなか消極派にとってはハードルが上がります（少なくとも数年前の私にとってはそうでした）。

しかし、これまで見てきたように、音読指導の意義は、言語感覚を養うことだけではなかったはずです。そうです。「読む力としての側面」です。音読できる力は「読む力」であり、「国語の学力」であり、学力に繋がるという大きな意義です。こちらの面を最重要の音読指導の「ねらい」としつつ、その土台の上に「言語感覚を養う側面」を重ねていくイメージです（次ページ図を参照）。

ここまで繰り返し述べてきているように、音読の「読む力としての側面」つまり「スラスラ読み上げる力」を全員に保障しつつ、それをクリアできた場合に積極的にねらっていくこととして「言語感覚を養うこと」や「表現力を養うこと」などをプラスしていくのです。

このように、音読指導のねらいを「階層化」すれば、教師自身の余裕や子ども達の現状に応じて指導を使い分けられるようになります。

例えば、これまで音読指導に力を入れてこなかったが、子どもの学力を保障するという意味で力を入れたい、という教師は、まずは「読む力」としての音読を育てていけばいいのです。具体的には**全員がスラスラ音読できるように指導していきます**。そして、子ども達がスラスラ音読できるようになってきたら、言語感覚や表現力を養う実践へとステップアップしてもよいでしょう。

　また、これまで音読指導には力を入れてきて、子ども達は全員スラスラ読むことはできるようだという場合であれば、その上の段階に挑戦していけばいいのです。具体的には、本書では意味のまとまりで区切って読む「意味句読み」を提案しています。また、黙読への移行も指導していけるとよいです。その他にも名文暗唱や高低、抑揚、間を使い分けて読むことなども子どもの言語感覚を培うでしょう。

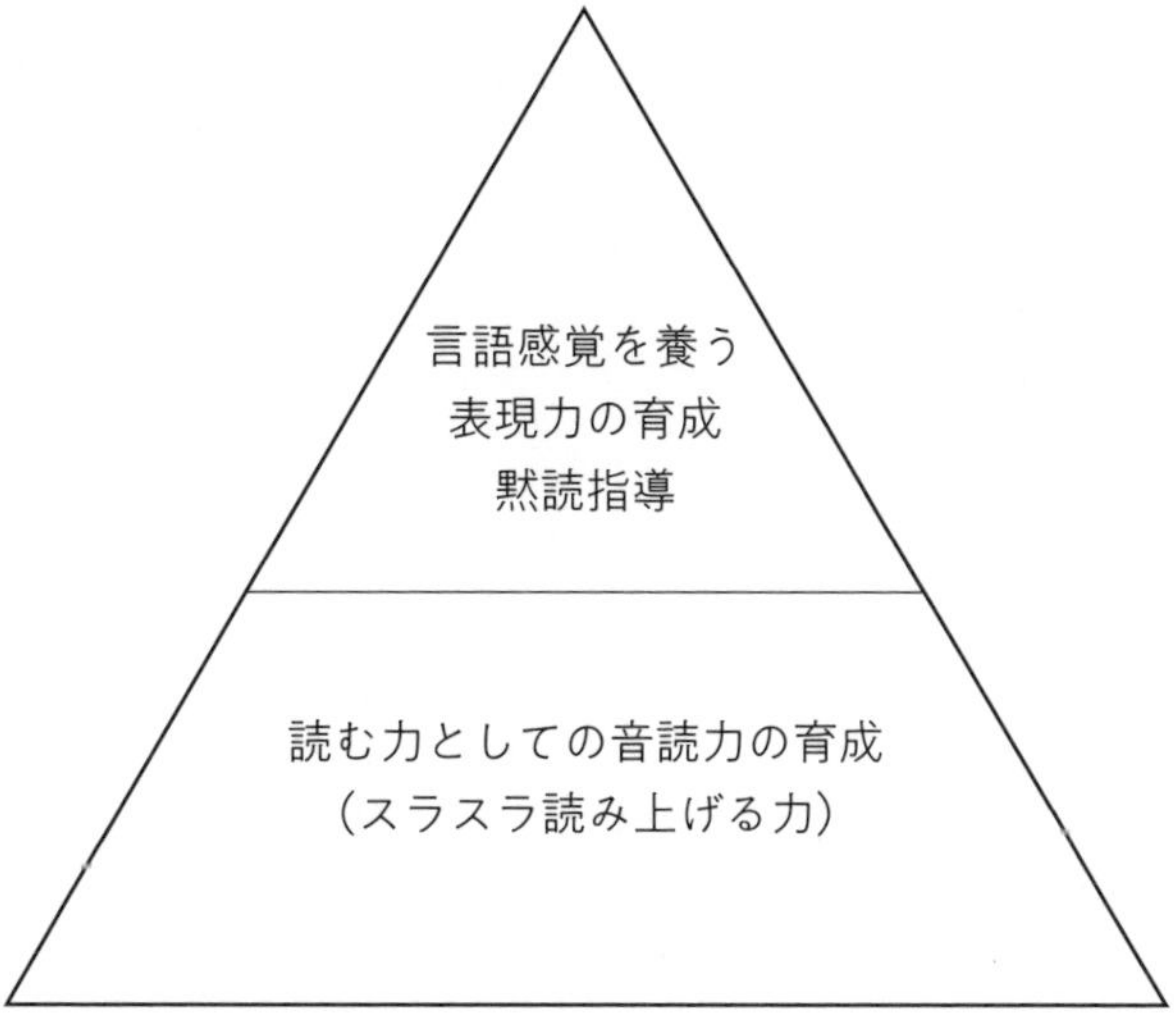

　言語感覚を養うことや表現力の育成を全員に保障するのは至難の業ですし、仮に手ごたえがあってもそれを見取るのが難しいです。であるなら、まずは「読む力」としての音読力の育成を音読指導の第一義と定めつつ、達成している場合は積極的に次の段階へと進む、というのが現実的です。

▼「教科書が読めない」？ まずはしっかり全員にスラスラ音読を保障する

新井（2018）では、国立情報学研究所の調査で多くの中学生が教科書掲載レベルの文章を「正しく」読解できていなかったことが分かったことが明らかにされ、教育界を大きく騒がせました。

この調査では、中学生が当該学年で使用している教科書の文の内容に対しての質問を設けました。それを中学生に解かせたところ、不正解者が続出した、というのです。

この調査に関しては様々な批判もありますし、実は中学生だけでなく経産省の官僚なども含めた大人も間違えていたというデータもあることから、これをもって「今の中学生（だけ）が教科書が読めない」と言えないかもしれません。

しかし、この調査内容に関して、私は気になったところがありました。

それは、調査では一文（ないしは二文）が用いられていたことです。

調査に使われたテストの問題（リーディングスキルテスト・ＲＳＴ）は、例えば、次のような問題です。（新井（２０１８）より引用）

> 次の文を読みなさい。
>
> アミラーゼという酵素はグルコースがつながってできたデンプンを分解するが、同じグルコースからできていても、形が違うセルロースは分解できない。

この文脈において、以下の文中の空欄にあてはまる最も適当なものを選択肢のうちから一つ選びなさい。

セルロースは（　　　　）と形が違う。

①デンプン　②アミラーゼ　③グルコース　④酵素

東京書籍「発展　酵素はどのような物質にも対応するのだろうか?」『改訂新編生物基礎』（令和2年度版）に原文掲載

「読解力」と言っても、文章全体をつかむ力ではなく、このような一文を問題にしているのです。

私がこれが気になったのは、「一文を正確に読み取る」ことは確かに子どもは苦手かもしれない、と思ったからです。

なぜなら、昨今の国語教育では欠けがちなところだからです。

これまでの文章を細かく区切って読んでいく指導法が批判されたことにより、文章全体を扱ったり、文章に対する評価的な読みを重視したりした授業の仕方が主流になってきています。

例えば説明文指導では、段落ごとに内容を読み取っていく授業よりも、文章構成を検討したり、筆者の主張に対して賛成できるかどうかを考えさせたりする授業が広がってきています。

この傾向は、教科書の学習の手引きを見てみても、顕著になってきています。

このこと自体は、何も間違いではありません。

段落ごとに内容を読み取っていくだけの授業は単調であり、ただ内容を読み取るだけでは子ども達の思考力や自分の考えをもつ力も伸びにくいのです。私自身、そのような授業はこれまで批判してきましたし、今もこの考えは変わっていません。

しかし、その揺り戻しで「文章全体を扱えばいいんだ」「自分の考えをもたせればいいんだ」となってしまっている節があるのではないでしょうか。

国語教育界は「分析か解釈か」や「形式か内容か」など、二項対立を繰り返してきました。一時はある一方に偏り、やがてそれが批判され、次にはその揺り戻しでもう一方に偏る……という繰り返しです。

今回も、「部分か全体か」という二項対立になってしまっていたように思います。そのため、部分を切り取って精読するやり方が批判され、今度は全体的な読みに偏っているのではないでしょうか。

そして、そのことが中学生が教科書レベルの一文か二文が正しく読み取れない、という調査結果に多かれ少なかれ影響を及ぼしたのではないか、と私は考えたのです。

もちろん、これだけが原因ではないと思いますし、そんなに国語の授業が子どもの読解力に影響力をもっていないかもしれません。

しかし、どこまでいっても、文章はそれを構成する「文」を正しく読み取れなくては読み取れません。そんなに不確かな読みをした上で自分の考えをもっても、それは不確かな考えと言わざるを得ません。

だからと言って、では再び文章を細かく区切って扱えばいいかと言えば、それでは結局元の木阿弥です。

そこで音読の出番です。

音読は、子ども達の目を「文」に向けさせる効果があります。

きちんと「文」に目を向けなくては正しく音読できないからです。

最近しきりに行われている国語授業では、「文」ではなく「文章」全体や「自分」に目を向けさせることが多いのに対し、音読をさせていくと、目がもっと細かくなり、「文」や「単語」「助詞」などに向いていきますし、ちょっとした工夫で向かせていくことができます（第3章を参照）。

子ども達が音読に対してやる気をもち、しっかり読むようになると、それこそ食い入るように教科書の文を見るようになります。

友達の読みも真剣に聞くようになります。

例えば、友達が「ごんは」と書いてあるところを「ごんが」と読んだとき、すかさず間違いを指摘するようになります。

このような、**文の細かいところまで集中して見るようになる効果が音読指導にはあります。**

これだけをもって、音読が一文を読み取る力がつくとは言えないかもしれません。しかし、文章全体を扱い、自分の考えをもたせるだけの指導よりは、「文」や「単語」を何度も見たり読んだりする機会を得られるのは確かなことです。そして、このことは大きいことだと思います。

文章全体を扱ったり、自分の考えをもたせたりする学習も行いつつ、一文一文をしっかり声に出して読む音読にも取り組んでいくことが、国語教育に求められているのではないでしょうか。

▼黙読への移行も視野に入れた音読指導を

音読指導を中心テーマにした本書ですが、決して音読が万能だと言っているわけではありません。大人になったら文章を読むときは黙読します。子どもでも、一人で本を読むときは黙読が中心です。なぜなら、音読と比べて黙読の方が圧倒的に早くたくさんの文章を読めるからです。

つまり、黙読の方が効率がよいのです。

音読から黙読への移行モデル

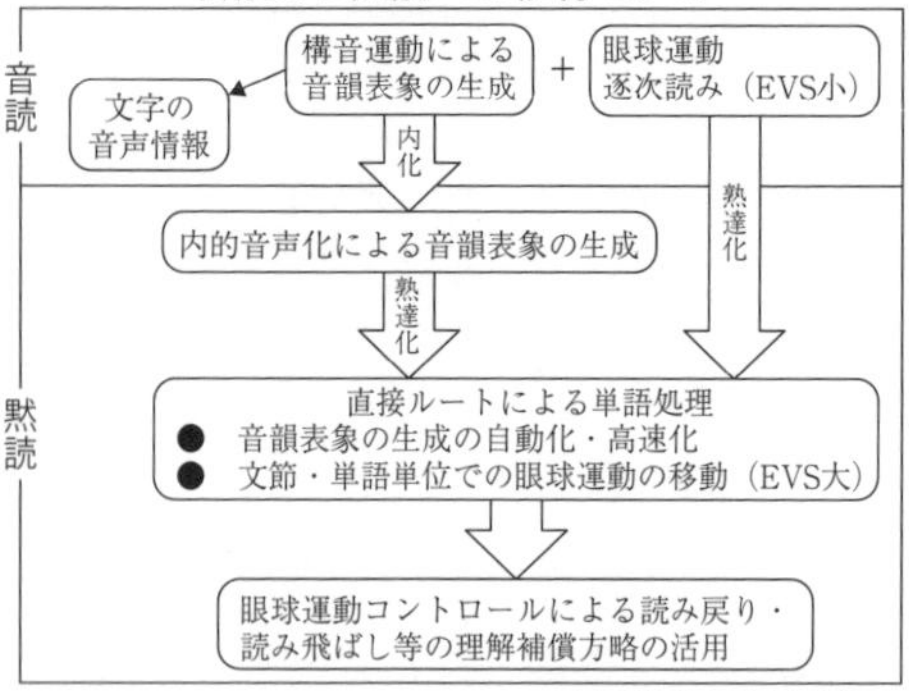

（髙橋（2013）より引用）

そのため、音読指導に力を入れていきつつ、それで満足せず黙読への移行も視野に入れた指導をしていくべきです。

音読と黙読とを別々のものに捉えて指導してはいけないのです。

髙橋（２０１３）では、流暢に音読する能力と読解能力とが相関していることに加え、上のような音読から黙読への移行のモデルを示しています（103ページ）。

ここでは、「構音運動による音韻表象の生成」、つまり音読することを内化していくことで黙読に至ることを示しています。

音読が、黙読することができるようになる過程で大きな役割を果たしているのではないかと考えているのです。

私もこの考えに賛成です。

子どもは、文字言語を学ぶ前からずっと、音声言語を使用しています。ですから、文字言語を理解する際に音声言語の「音」による情報が大きな役割を果たしていることは容易に想像ができます。その「音」を実際に声に出して読むのが、音読です。そうして、自分の耳で自分の声を聞くことで理解が深まるのです。

このことは学習指導要領にある「自分の理解を確かめること」とも通じるところがあります。

また、我々がよく目にする、就学直後の子どもが一人で読書する際、声を出して読んでしまう姿もこのためだと考えられます。

黙読だと実際の「音」が封じられ、意味がとれないのです。だから、本人も知らず知らずのうちに声に出して音読しているのです。

このように考えると、**黙読ができるというのは、音読が内的音声化され、声に出さずとも心の中で聞こえるようになって意味がとれるようになった状態**と言えるでしょう。

黙読は成長と同時に自然に獲得していくと捉えられがちですが、それがなかなかできない子もいます。であるならば、我々教師には、黙読の獲得まで見据えて音読指導していくことも必要なのでないでしょうか。具体的には、「音読の内的音声化」を明示的に指導していくことです。

本書でもその指導を提案しています（第2章及び第3章の学習活動を参照）。

高橋（1991）によれば、読む速さが小学4年生頃に黙読優位になるそうです。

この辺りの学年を担任するときや、4年生以上でもなかなか黙読ができていない子どもを担任したときは、積極的に黙読移行の指導もしてみるとよいでしょう。

▼まずは「句読点読み」を徹底し、その後「意味句読み」へと発展させていくべし

本書の指導法では、まずは「句読点までひと息で読む」ことを徹底していくことが重要である、と主張します。この後の第2章でも述べますが、何も指導しないと子どもは好き勝手なところで区切って音読します。これは、低学年でも高学年でも同様です。

そこで、年度初めは「句読点までひと息で読む」ということを徹底して指導していきます。そうすることで、「区切り」の正しい基準ができ、クラス全体で共有できます。また、句読点までひと息で読もうとすることで、読むスピードも上がっていきます。

句読点までをひと息で読む読み方を、「句読点読み」と呼びましょう。

これを徹底していくことで、音読の区切りの正しい基準が設定され、子どもはいい加減に区切らなくなり、「スラスラ」にも拍車がかかるので、本書では年度初めの指導としてこれを推奨します。

しかし、この「句読点読み」は、子ども達の音読力を高めるための読み方であり、何も最高峰というわけではありません。

ここまで見てきたように、音読は、相手に読んで聞かせるという「表現」の側面も含みます。

このように考えると、相手が意味を取りやすいように読む読み方の方がレベルが高いことがお分かりになるでしょう。

そこで「句読点読み」が徹底できてきたら、次の段階「意味句読み」を指導していきましょう。

「意味句読み」とは、句読点で機械的に区切るのではなく、意味のまとまり＝意味句ごとに区切って読んでいく読み方です。意味のまとまりで区切って読むので、聞き手は文章の意味を取りやすくなります。

この「意味句読み」については杉澤（２０００）や岩下（２０１８）でも望ましい音読として推奨されている読み方です。私も概ね同意見なのですが、これを低学年や年度初めの音読指導がほとんどされていない子ども達に向けて指導してしまうのは、あまり良くないと考えています。

なぜなら、**意味のまとまりを考えて区切るという行為は、「読み上げる」というよりも「読解」と言えるから**です。本書では再三「スラスラ読み上げる力」を全員に保障する重要性を主張してきました。それなのに、初めから「読解」を子ども達に求めてしまうと、難しすぎるのです。これでは結局、「読解偏重」の授業に陥り、それでついてこられる子達はいいのですが、もっと基礎である「音読（読み上げる）」を保障しなければならない子達のその部分がごそっと抜け落ちてしまいます。これでは、「音読指導に力を入れる」と言っても、意味がありません。つまり、初めから「意味句読み」指導偏重では、実質的には読解に偏った指導であり、それは現在の音読指導をほとんどせず読解指導ばかりしている指導と変わりはないということです。

ですから、私は「意味句読み」は、子ども達にしっかり「句読点読み」が根づいてから、発展的に指導するのがよいと考えています。

具体的な「意味句読み」の指導法については次章にて詳しく述べますが、まずは「句読点読み」→「意味句読み」という指導の段階をしっかり頭の中に入れておきましょう。

▼「目ずらし」を積極的に指導することが音読も黙読も上達させる

「スラスラと読み上げる力」の重要性については、これまで何度も述べてきました。

流暢に音読するように指導していく上で欠かせないのが、「今自分が読み上げているところよりも先を見ていくこと」です。

これは、野口芳宏先生も、野口（２００２）などで「目ずらしの技術」として提唱しています。

今見ている文字を読み上げているうちは、なかなか音読のスピードは上がっていきません。

逆に言うと、音読が苦手な子は今見ている文字をその都度読み上げているので、たどたどしくなってしまうのです。

音読が苦手な子に読ませてみると、「お、じ、い、さ、ん、が……」と1文字ずつ区切ってしまうことがよくあります。

このような姿が見られたら、まず「目ずらし」がうまくできていないと思って間違いありません。「おじいさん」という単語を認識できて目を先にずらせていれば、1文字ずつ区切って読むことにはならないからです。

つまり「目ずらし」は単語や文節を瞬時に認識し、もうそれを見ないでも処理（発音）できるからこそ、成り立つ技術なのです。

そして、実はこの**「目ずらし」は音読をスラスラできるために有効なのではありません。黙読のス**

ピードを上げるためにも重要だと考えられます。

教育心理学の世界では、音読時に、見ているところと読み上げているところとのズレを「Eye-Voice Span（EVS）」と呼んでいるようです。

そして、髙橋（2013）では「成人の音読においては、2、3文字程度先行している」ことや「読みの熟達の程度によってEVSの大きさが異なる（熟達しているほどEVSが大きくなる）」ことが示唆されています。

この音読の際のEVS（目と声のずれ）が大きくなることが、黙読時に眼球を自由に動かして効率的な読解を達成するのに重要な役割を果たしている、とされているのです。

同じく髙橋（2013）によれば、読解に熟達した読み手は、黙読時に理解に必要な箇所のみ注視し、他は読み飛ばすことで読解時間の短縮を図ったり、読み戻りを行うことで理解を補償したりするそうです。つまり、黙読時には眼球を自由に動かすことで効率的な読解を達成しているのです。

このことは、我々の経験に即しても明らかであろうと思われます。本を読むのに慣れている人ほど素早く読め、意味もしっかり取れています。いちいち書かれている文字を全て内的音声で読み上げてはいません。

「黙読時に眼球を自由に動かして効率的な読解」をするためには、音読時に文字をいちいち読み上げるのでなく、単語や文節単位で見て処理できること、つまり「目ずらし」ができることがその素地になることが推測されます。このように考えると、「目ずらし」は音読時にも黙読時にも重要ですし、先に挙げた市毛先生の言葉（「スラスラ読めると読解力があるはほぼ同義」）も信ぴょう性を増します。

▼音読指導は個別評価、個別指導が命である

音読指導は、教師が子ども達一人ひとりの音読を聞くところから始まります。

一人ひとりの音読を聞いて、初めてその子の音読する力が分かるからです。

至極当然のことです。しかし、この当然のことが現場では疎かになっています。

一人ひとりの音読を聞いた上で、個別に評価をしていくことが、子ども達の音読力を伸ばしていく上でこの上なく重要です。

一斉に音読させてそれを聞いて「声が出てきたね」などと評価しても、一人ひとりの音読力を上げることには繋がりません。

むしろ、ほとんど読めていないのにクラス全体に埋もれていって、発見されるのが遅れるかもしれません。

子ども達一人ひとりの音読力を保障するには、個別評価、個別指導が命なのです。

しかし、現在の学校現場ではそれが疎かにされています。

現在の音読指導は、音読カードを渡して家で宿題として読ませ、学校での「読むこと」の授業では数名が読んで終わり、というのが実情だと思います。

音読カードを渡して宿題任せ、という指導がいかに悪かということは後で述べるとして、ここでは学校で教師が子どもの音読をきちんと聞かないことの危険性について述べたいと思います。

現在、学校で子ども達の一人ひとりに音読の指導はほとんどされていません。

「読むこと」の授業では、せいぜい数名が音読して、すぐに読解に入ってしまいます。

もしかしたら、「○読み」で全員に読ませることもあるかもしれませんが、一文だけでは子どものことをつかみきれないこともあります。

このような、子ども達がスラスラ音読することすらできるかどうか分からない状況のまま読解の授業など行っても、元々学習の得意な子だけが活躍するのは当たり前のことです。

逆に、一人ひとりの音読をきちんと聞き、個別評価、個別指導をした上で全員が音読をスラスラできるようになった上で読解の授業を行うと、自然と出てくる意見も深く、そして多くの子から出されます。

とにかく個別評価と個別指導を徹底していきましょう。

個別評価とは、子ども達一人ひとりの音読を聞き、評価することです。

詳しくは第2章で述べますが、ポイントは「厳しく」行うことです。多くの子どもは「自分は音読なんかできる」と思っていますから、そのような思い上がりをバッサリ厳しく評価していくことです。

子どもはある程度の「厳しさ」に燃えます。

個別指導とは、苦手な子と一対一で向き合い、音読力を高めていくことです。

ポイントは「やる気を失わせないこと」です。やる気は全ての根源です。

音読は「もっと声を出して！」など「抽象的に」指導されがちなので、子どもが具体的にどうしたらいいのか示しつつ、一緒に練習していくことです。

▼音読指導の肝は「具体化」と「共有」である

音読指導で難しいのが、「このように読んでほしい」という教師の理想はあっても、それが非常に抽象的かつ音声言語のため消えていってしまうということです。

そのため、子ども達に指導したことが根づいていきにくいのです。

だから、なかなか子ども達の音読が変わっていかないのです。

子ども達の声や音読への姿勢が変わってこないから、教師も「まあ他にたくさんやらなくてはいけないことがあるから、いいか」と半ば正当化してしまうのです。

これらの、音読指導の「難しさ」を逆手に取って、私は次のことを主張したいと思います。

音読指導の肝は「具体化」と「共有」です。

まずは、教師が「このように読んでほしい」という理想像を具体的にします。

ここで注意が必要なのは、あまりにも細かくしすぎない、ということです。

細かくしすぎると、こちらも見取れなくなります。

第2章で詳しく述べますが、私は音読の三原則は、「ハキハキ」「スラスラ」「正しく」だと子ども達に伝えています。

これを読んでどのように感じるでしょうか。「あれ、普通だな」と思われたのではないでしょうか。

その通りです。これはいたって普通の三原則であり、子ども達も教師もこんなことは誰でも知っています。

重要なのは、**その三原則を子ども達の声で「具体化」していくこと**です。

例えば、年度初めに「ハキハキ読みましょう」と伝えて読ませても、クラスの半分もハキハキ読めればよい方で、多くはボソボソ小さな声で読みます。

こんなときに、「全てよし」と評価していては、「あぁ、あれくらいの声でいいんだ」と子どもは思ってしまいます。

ボソボソと手を抜いた音読にはきっぱりと「ダメです」と評価します。厳しく個別評価します。そうして「次の子、どうぞ」とどんどん次に回してしまいます。クラス全体何周か読ませると、最後には最初とは見違えるほどしっかり声を出して読むようになっていきます。その声をもって、「ハキハキとはそれくらいしっかり声を張ることだよ」と伝えるのです。

子どもに読ませて、個別に評価をしていきながら、「これくらい声を張って読むことがハキハキ読むということなんだ」ということを体験的に学ばせていくのです。

つまり、**個別評価をしつつ、子ども自身の声で音読の理想像を「具体化」していくということ**です。

そうして、**一人ひとりの中で音読の理想像が「具体化」されていくと、それがクラスのスタンダードになっていきます。これが「共有」です**。ここまでくれば、そうやって読むのが子ども達の中で当たり前になっていきます。この「当たり前」を目指していくのです。

正しい音読、目指すべき音読を一人ひとりの中で「具体化」し、それをクラス全体で「共有」していくことで、子ども達の音読に対する姿勢や声は大きく変化していくのです。

▼音読カードに頼り切る指導は悪である

初めに断言します。

音読カードに頼り切る指導は悪です。

もちろん、音読カード自体は悪ではありませんし、有効な場合も多いでしょう。

問題なのは、音読カードを渡して「家で読んでおきなさい。家の人に聞いてもらいなさい」とだけ言って、学校では音読カードのチェックだけをするような、音読カードに頼り切った指導です。

私もつい数年前まで同じようなことをしていました。しかし、これは本当に教師の役割と責任を放棄していると気づいたのです。

なぜこの指導（とも言えないと私は考えていますが）が悪かの理由を述べていきます。

第一に、これまで見てきたように音読できる力は、非常に重要という力であり、「家でやっておいて」と家庭任せにできるようなものではないからです。

これを指導することを放棄しているようでは、教師としての仕事を放棄しているようなものです。ですから、先述のように、教師が一人ひとりの音読をしっかり学校で聞いて、評価し、指導すべきなのです。

第二に、「家でやっておいて」ということだけでは、子どもはやる気を出すはずがないからです。

宿題として出されたから家で練習しますが、その練習の成果を発揮する場がなかったり、教師からフィードバックがなかったりすれば、どうしてやる気になるでしょうか。

教師が子どもの音読を聞いて評価することは、子どもが音読に対してやる気をもち、取り組む姿勢を変えるためにも重要なのです。

第三に、教師も子どもも手段の目的化をしてしまうからです。

音読の宿題は、言うまでもなく「音読が上手になり、スラスラ読めるようになること」を目的として出されています。しかし、音読カードに頼り切った指導をしていると、子どもにとっては「音読カードに家の人からサインをもらって教師に提出すること」が、教師にとっては「家の人からのサインが入った音読カードを子どもに提出させ、チェックすること」が目的化していってしまうのです。

音読カードに頼り切った指導がされている教室では、学校でほとんど音読を聞かれず、宿題をやってきたことを証明するのは家の人のサイン入りの音読カードしかありません。逆に言うと、これさえあれば、スラスラ読めずとも、下手をすると家で本当は読んでいなくても（高学年にもなれば自分でハンコを押す子はいますよね）許されてしまいます。いわば「免罪符」になるわけです。その「免罪符」を得るために子どもは仕方なく取り組んでいるのです。きっとその質は非常に低いでしょう。

そうでなくて、学校で練習の成果を発揮する機会がきちんとあり、それに対して教師の適切な評価がなされることで子どもがやる気を出し、家でも真剣に取り組むようになることが大切です。

最後に、家の人がいない、あるいは忙しくて子どもの音読など聞いていられないような子どものことを全く無視した指導だからです。そのような子達は、家の人に聞いてもらいたくても聞いてもらえません。これでは教室の中で格差は広がる一方です。きちんと学校で教師が指導すべきなのです。

▼音読指導で一番重視すべきはスピードである

音読指導では様々な指導がされています。

「もっとしっかり声を出して」（声量）

「登場人物の気持ちを考えながら」（理解・表現）

「意味の切れ目で間を空けて」（表現）

「もっとスラスラと読もう」（流暢性）

「そこは○○と読むのではなくて、××と読みます」（正確性）

言うまでもなく、これらのどれもが間違いではなく大切なことです。

しかし、どれが最も大切なのでしょうか。

大切にしたいことがたくさん、どれも並列であれば、教師は意識しきれなくなります。指導が徹底されなくなります。結果的に子どもも何を意識したらよいか分からなくなってしまうのです。

そこで、これらの指導したい事柄に優先順位をつける必要があります。

そのために役立つのが、先述の「音読指導のねらいの階層化」（30ページ）です。そこでは、音読指導のねらいを階層化し、全員に保障すべきことを最も基礎に、それをクリアしたらねらっていくことをその上に位置づけました。

最も重視すべきは「スラスラ読み上げる力」です。

その上に「表現力」や「言語感覚の養成」が位置づけられます。

これで、我々教師が実際に音読指導ですべきことが明確に見えてきます。まずは、とにかく「スラスラ」読めるように、つまり流暢に読めるように指導していくことが重要なのです。

つまり、先にズラッと挙げた子どもへの声かけの中では、「もっとスラスラと読もう」というものが優先されるということです。素早く読めること、流暢に読めることは読解力や学力に大きく関与しますし、語句や文節単位で認識する力が高まるからです。

音読指導＝大きな声で読ませること、と捉えている先生も見受けられますが、ねらいの優先順位からすれば、「流暢性」「素早さ」はそれに勝ります。

もちろん、ゴニョゴニョと小さい声で明確に発音しないで素早く読むのは意味がありません。音読には自分の声を自分で聞いて文章内容を確かめるという意義もありますから、はっきり発音しなくてはそれが達成されません。

しかし、声の大きさよりもさらに「流暢性」や「素早さ」は子どもに強く求めていきたいことなのです。

普通に子どもに音読をさせると、遅すぎます。高学年でも補教などで他のクラスに入ると、私はいつもこれを感じます。６年生であっても、私が担任している低学年のクラスの子ども達の音読よりも遅いこともしばしばあります。「句読点以外でも勝手に区切って読む」であれば、「遅すぎる」と捉えてまず間違いないです。

「もっと早く読もう」と声をかけることで音読への緊張感も高まり集中して読むようにもなります。

▼音読指導は物語文よりも説明文で力を入れるべし

一般に、「音読指導」というと、思い浮かべるのは物語文指導ではないでしょうか。

確かに、教科書を見渡してみると、物語文を扱う際に「音読劇をしよう」などと音読が言語活動に設定されることが多くあります。

しかし、私が**音読指導を重視するのは物語文よりも説明文**です。

先述のように、「音読指導のねらいの階層化」にて、「表現力」や「言語感覚」の育成よりも「読む力」としての音読力、つまり「スラスラ読み上げる力」の育成が優先されるということを示しました。

この「スラスラ読み上げる力」は、物語文でも説明文でも同じように全員に保障していく力であることには変わりはありません。

しかし、比較すると物語文よりも説明文の方が、「スラスラ読み上げる」ことを指導するのに向いています。

音読指導をしていて、子ども達が燃えるのは意外と物語文ではなく説明文なのです。

物語文は、どうしても会話文が多かったり、一文が短かったりして、「スラスラ読み上げる」というよりは、「上手に読む」という感じが適しており、いかに登場人物の心情を考えながら読んだり、場面の様子に合うように読んだりするかという側面が強くなってきます。

低学年の物語文ほどこの傾向は顕著です。

『お手紙』（アーノルド＝ローベル）など、この最たる例でしょう。

会話文が非常に多く、一文も短いものが多いです。

そのため、スラスラ読ませると、なんだか味気なくなってしまいがちです。

「スラスラ読み上げる力」を何よりも優先して育てるという観点においては、この辺りは割り切ってやっていけばよいのですが、子ども達の方はそうはいきません。

そもそも、説明文と比べると物語文は、一文が短く、表現も平易なものが多いので、初めから多くの子がある程度のスピードで読むことができます。そのようなこともあいまって、「スラスラ読む」ということに気が乗りにくいのです。

一方、説明文は、低学年のものでもある程度一文が長めに設定されています。

そのため、初めに子ども達に音読させると、なかなかスラスラ音読できません。であるからこそ、子ども達は「スラスラ読めるようになるぞ」とやる気になるのです。

説明文は物語文と違い、登場人物の心情や場面の様子など、情意的な文章はあまり出てきませんから、冷静に、「読み上げること」に集中することもできます。

実際の子どもの様子も、物語文での音読ももちろん楽しみながら取り組みますが、意外なほどに説明文の方がより熱心に取り組みます。

2年生を担任した際は、『スイミー』や『お手紙』など子ども達に大人気の物語教材を抑えて、『どうぶつ園のじゅうい』が最も音読するのに人気で、一番暗唱した子が多くなりました。

説明文指導のときこそ、音読指導に力を入れましょう。

▼音読指導の時間確保の工夫

現在の「読むこと」の授業時数だけでは、一人ひとりの音読を聞き、指導するのはなかなか難しいものがあります。そのため、宿題に任せきりになっている現状があるのです。それなのに、「とにかく音読は重要だから、読み取りなどは置いておいて音読ばかりやるべき」というのでは非現実的です。それではどうしたら子ども達の音読の機会を保障し、音読指導の時間を確保していけるでしょうか。ここでは、二つの方法を紹介していきます。

一つ目が、**「読むこと」の単元で音読をどれくらい扱うか軽重をつけ、「重」と決めた単元では、徹底的に音読指導をしていく**ようにすることです。これは、基本的には年度の前半が良いでしょう。音読は読解力の基礎にもなる力です。年度の初めの方の「読むこと」単元では音読に多くの時間を割いて、音読力を伸ばしつつ、読み取りに入っていくようにします。この際、教科書で音読教材として設定されている物語文だけでなく、説明文でこそ音読指導に力を入れていくようにします。前述のように、説明文こそ「スラスラ読み上げる力」を育てることがしやすいからです。

また、指導の際は、子ども達がその教材だけをスラスラ読めるようになるのではなく、「どう読んだらよいか」「どんなことに気をつけて練習したらよいか」という音読の理想像、つまり「音読の三原則」を子ども達と一緒に具体化し、共有することを強く意識します。そうすることで、次の単元でも子ども達が自分でそれを意識しながら自分で練習することができるようになっていくからです。

このように、軽重をつけ、特に年度初めの方の「読むこと」教材で音読のイロハを子ども達にきっちり指導することで自己学習力を伸ばし、時数の不足を質でカバーしていくことができます。

二つ目が、**「読むこと」や国語科という枠を飛び越えて音読の機会を保障していくこと**です。考えてみれば、文章を扱う教科において、教師が少し意識するだけで音読の機会を保障することは可能です。例えば「書くこと」の学習で、教科書で学習の流れを確認する際、教科書を音読させられます。社会科の授業では教科書や資料集を音読させることができます。理科の教科書だって、音読させられます。これらを音読させることは、教科内容の理解の基礎にもなりますから、一石二鳥です。

これまで見てきたように、「読み上げる力」は読解力のみならず学力全体にも関わっています。その力が弱いと、教科書や資料集を活用して問題を解決していくのは難しくなります。下手すると教科書がほとんど読めていないのに黒板を写したり、友達の考えをノートに書いたりして授業を終えている子もいるかもしれません。全員で教科書を音読する機会を保障するのは教科内容の理解とともに音読力の向上も図れます。他領域や他教科を扱う際に音読させたときも、簡単でいいので音読の評価もしてあげると、子ども達へのフィードバックになります。多くの場合は、他領域・他教科で音読させると質が落ちるので、「そういう読み方は教えていません」と三原則の音読をしつこく求めるようにします。「読むこと」単元と違い、他教科・他領域の学習時に音読させるときには基本的に「初見」の文章を読むことになりますので、よりハードルは上がり、その子の本当の音読力を掴むこともできます。

このように、他教科・他領域の学習時にも、「理解の基礎」となるという音読の特色を活用して、取り入れていくことができるのです。

（注1）「音読退行の時代」では、音読は黙読に至るための前段階という考えが根づいていました。例えば、昭和26（1951）年の学習指導要領（試案）では、朗読が「話すこと」における学習の内容例として挙げられているのみで、指導事項とすらなっていませんでした。一方黙読については「読みの技能の面からいえば、黙読が身について、娯楽の上でもよい読み物が選べるようになり、だんだんと調べるために読む態度と技能が身につかなければならない」と記されており、黙読重視の姿勢は明確でした。低学年では黙読が難しいため音読を指導するといった、消極的な姿勢でした。

「音読復権の時代」では、音読・朗読に関する記述が体系化され、「音読」の延長上にあるものが高学年でも必要であるとされました。文言上で音読と黙読の間の優劣がなくなり、対置される概念ではなくなりました。この辺りから、音読が学習指導要領でも重要視され始めました。

「音読定着の時代」では、「必要以上に感情をこめる」音読への警告がなされるようになりました。これは、逆に読むことの学習として音読が根づいてきたことの裏返しともとれます。そして、この時代には、初めて「音読」という文言が全学年に記されました。

このように、これまでの学習指導要領での記載をたどっていくと、明らかな黙読重視、音読軽視の時代を経て、音読の価値は見直され、黙読と比べても決して軽んじられるべきものではないとされ、学習指導要領にも記載されるに至ったことが分かりました。

そして、現行学習指導要領での音読の扱いは、基本的に「音読定着の時代」が継続しているとみて間違いありません。

それでは、「音読退行の時代」以前は、音読は学校教においてどのように扱われていたのでしょうか。荒木（1989）では、このことに関して次のように述べられています。

> 大正時代までの読解指導は、何回も文章を朗々と読み上げるだけの指導。読本を、ただ大声を張り上げて朗々と音声化するだけ、何回も文章をそらんじて読み返し、暗唱できるまでに音声化するという読解指導でした。ところが、第二次世界大戦後はそれが逆転して、読解指導といえば黙読一本という方式に変わりました。

つまり、「音読退行の時代」以前は音読が最重要視されていたということです。

（注2）この主張には批判もあります。例えば、加藤（2007）によれば、活性化とは単なる血流増加を示し、ストレスや痛みでも脳は「活性化」するのであるから、「活性化」＝プラス効果とは言い切れないとしています。このような反論もあるので、川島氏の「音読は脳を鍛えられる」という主張をそのまま学校教育で音読を行う意義として採用するのは難しいかもしれませんが、音読の意義を検討する上で、一つの音読の効果例として挙げることはできるでしょう。

（注3）そもそも音読の研究に関して、国語科教育学においてでさえ、実はあまり蓄積されてきていないようです。花坂（2015）でも次のように述べられています。

学習指導要領において音読・朗読の取り扱いが安定していなかったように、学術的に見ても研究の累積が見られないというのが稿者の考えである。

ここで「学習指導要領において〜」という言葉は、前項で見てきた通りのことを表しています。学習指導要領において、音読は黙読よりも明らかに軽視されてきたり、領域の位置づけが曖昧だったりしたことから、なかなか国語科教育学でも研究の対象とされてこなかったのも頷けます。

（注4）この時期は龍野（２０１５）による区分の中の「音読復権の時代」の頃に当たります。この頃から、音読に関する研究や実践がいくつか出てきたようです。例えば、高橋（１９９０）では「群読」を中心とした実践・研究がすすめられました。また市毛（２００２）の提唱する「すらすら音読」も一つの流れを成したと言えるでしょう。

（注5）まず、この時期の音読指導の状況について、次のように述べています（1ページ）。

いま、音読指導が静かなブームとなって国語授業に取り入れられてきています。国語教室のあちらこちらから児童生徒の読本音読の読み声が聞かれるようになってきました。戦後教育で軽視された音読指導が再認識されてきたことは喜ばしい限りです。

この時期が、軽視されてきた音読指導が盛んになり始めた時期であることが改めて分かります。そして、音読指導の効果や意義について、以下の8項目が示しています（12〜18ページ）。

①文章の音声表現で、読みとりの程度がつかめる。
②黙読時には気付かなかった内容が出てくる。
③読解授業に多様さと活気が出てくる。
④読みの楽しさが身体を通してわかってくる。
⑤美的音声の言語感覚が磨かれる。
⑥話・作文が上達する。
⑦頭の回転がよくなる。
⑧人間関係に直結する。

これらは、科学的に立証したというよりも、荒木自身が実践をしていく中でつかんだものだと思われます。例えば、③に関わって次のように述べています。（2ページ）。

国語授業に音読指導を取り入れると、従来の理詰めな話し合い授業から脱却できます。従来の読解授業は、3、4名の発言チャンピオンで占められ、他児童は聞き役として参加するのがふつうでした。全体として沈滞した話し合いになりがちでした。音読指導を取り入れると、一人ひとりに活躍する場が与えられ、授業が活気付きます。

この記述からは、音読を国語授業に取り入れるとクラスの全体が参加できるという、実践者なりの音読の効果に対する感覚が読み取れます。私もこの意見に賛成です。やや感覚的ではあるが、音読指導の意義を検討していく上では重要な知見だと思います。

（注6）龍野は、先に挙げた「音読指導の歴史」と絡めて、音読に関する先行研究の中から、以下の6つの「指導観」を抽出しています（14ページ）。

① 音読は黙読の前段階（退行の時代〜）	④ 朗読で表現する（復権の時代〜）
② 朗読は話すことの練習（退行の時代〜）	⑤ 音読の技能そのものが国語の学力（復権の時代〜）
③ 音読で理解する（復権の時代〜）	⑥ 音読すること自体に価値（復権の時代〜）

これまで見てきたように、現在は「音読定着の時代」です。①のような音読は黙読の前段階だとする指導観や、②の話すことの練習だとする指導観は、今はあまり存在しないように思われます。一方、③の音読を通して理解する、④の朗読を通して表現をする、というような「理解」や「表現」に関する指導観は、現行の学習指導要領や「解説」を見る限り今も存在しています。⑤の「音読そのものが国語学力だ」とする指導観については、心理学などの知見や先に述べた市毛（２００２）による「すらすら音読」の提案などからも、現存していると捉えられます。

では、⑥の「音読すること自体に価値」というのは、いったいどういう指導観、価値づけなのでしょうか。龍野（２０１３）は、その指導観の萌芽を藤原（１９７６）の以下の言に見出しています（29ページ）。

昔は道を歩いていると、子どもの音読する声がきこえて、学校があることがわかった。しかし、最近は、それがない。子どもが声を出して読む習慣がなくなったのはなぜか。うまい、へたはともかく、朗読することがなくなった。

ここでは、音読によって読解が進むとか音読そのものが重要な学力だという指導観よりも、「声」を重要視した指導観が色濃く表れている、と分析し、音読指導観において「声への要求」が始まり「音読すること自体に価値」を置く指導観ができ上がっていった、としています。この「声への要求」こそ⑥の指導観です。そして龍野は、大熊（１９９６）や藤原（２００３）を引きつつ、谷川俊太郎『のはらうた』（１９７３）が教科書に記載され、それまで主要であった意味解釈を中心とした授業ではなく、音読することが中心の扱われ方をしたことを、「表現や理解など音読の『目的』から一歩離れた、音読することそのものを価値づける指導観を顕在化させた」（17ページ）と分析しています。その上で次のように述べています（17ページ）。

「声を出すことそのもの」に価値を置く指導観の顕在化は、音読における「読むこととしての指導観」・「音声言語活動につながる基礎能力を養う活動としての指導観」の分化の起点として結論づけることができる。

つまり、音読指導観を大きく2つに分け「読むこととしての指導観」と「音声言語活動につながる基礎能力を養う活動としての指導観」としたのです。この考えを踏まえると、先に挙げた②「朗読は話すことの練習」という指導観も、消失せず現在につながっていることになります。その証拠に、荒木（１９８９）に挙げられている音読指導の効果の中にも、いくつかそれに該当するものが見られます。例えば、「読みの楽しさが身体を通してわかってくる。」などはその最たる例です。

　このように、音読の指導観、価値づけは、国語科教育の歴史上では、その主となる部分は変化し、塗り替えられてきているように見えますが、実は以前の指導観や価値づけも残り、積み重ねられてきていると言えるのです。龍野（２０１３）によるこの指摘は、音読指導の意義や効果を再考する上でも非常に興味深いものがあります。

（注7）松浦は音読指導に関する実践論文14本を分析し、そこから分かる実践者の音読指導観について以下のように結論づけています（39ページ）。

> 音読の目的について見ていくと、大きく理解力（読解力）の向上を目的としたものと、言語感覚を育てることを目的としたものに分けられる。この分類そのものはH29指導要領とも整合性がある。（中略）ここで注意する必要があるのは、「理解向上」とは言うものの、論理的に読み取るというよりも「感じ取る」のように感覚に根付いた表現を用いていることがやや目立つことである。H29指導要領でも改訂の趣旨はＰＩＳＡ２０１２や全国学力・学習状況調査の調査結果にもとづいた読解力の向上の必要性や情報処理力、表現力の育成にあるし、それ以前の指導要領であっても技能的な側面はたびたび出てはいる。しかし、実際には感覚に関わる事柄を重視している様子が窺える。

　この記述から分かるように、実践者は学習指導要領の記載からは大きく外れてはいないが、読むこととしての読解力というよりも、感覚に関わる事柄を重視して指導していると言えます。それは、龍野（２０１３）が指摘する「声への要求」に代表されるような、声に出して音読すること自体に価値があるとする「音声言語活動につながる基礎能力を養う活動としての指導観」が、実践者の中にも根強く存在しているということを意味します。

　しかも、松浦の指摘するように、「理解向上」をねらうとは言うものの実際には「感じ取る」という感覚的な言葉を使用するなど、音読の効果を理解向上、読み取りのために用いようとしながらも、実質的には感覚的な面の指導になってしまっている節も見られます。つまり、実践者は気づかないうちに、無自覚的に感覚的な指導、「声への要求」的な指導に陥っているのではないか、という指摘です。

　実際には、これまで見てきたように、音読には様々な効果や意義があって、明確に理解向上のためのみ、あるいは言語感覚を伸ばすためのみ、というように明確に区別して扱えるものではなく、双方が相まって育っていくことも考えられます。しかし、指導する側が持つ意図と実際の指導との間に齟齬が生じていれば、曖昧で効果の薄い指導になることは想像に難くありません。その背景には、やはり音読の意義に関する見識の不足、またそれらの整理がされていないことが原因として考えられるでしょう。

（注8）これらの研究は多数報告されてはいますが、実は結果は一貫していません。髙橋（２０１３）では、調査の際使用した課題や対

象とした読み手の年齢が異なっていることをその原因として挙げています。これらの研究を概観した田中（１９８９）では、児童を対象とした研究では黙読よりも音読が理解を促進すると結論づけるものが多く、一方で読解に習熟したと考えられる成人を対象とした場合は、理解度に差がない、もしくは黙読のほうが音読よりも理解を促進すると結論づける研究が多いことを示しています。これらの研究からは、音読の意義は読者の状況によって変わることが分かります。多くの研究の結果が一貫してはいませんでしたが、田中（１９８９）によれば、年齢が低く読む力が未熟なほど、黙読よりも音読の方が理解を促進する傾向が強いことは明らかになっているようです。

（注9）この研究は、ＩＣＴ活用が効果的な学力向上に直結するために必要となる基礎的データを検討することを目的とした研究ですが、音読の意義を検討する上で非常に示唆に富んでいます。「読み流暢性」つまりスラスラ音読できる力と学力との相関関係を調べ、低学年、高学年ともに読み流暢性は、学力に対する独立変数として有効だという結果が出たのです。

特に、「学力維持群に比して学力低下群で音読流暢性が学力に及ぼす影響が強いことが明らかとなった」（41ページ）点は、「音読する力自体の意義」をそのまま証明していると言っても過言ではありません。学力の低い学習者にとって、音読がスラスラできないということが、学力全体を引き下げている大きな要因の一つになっているということです。

裏を返せば、音読ができること自体に、学力全体に影響を及ぼしかねないくらい大きな意義がある可能性が示唆されているのです。犬塚（２０１２）などでは、音読の流暢さと読解能力の間には高い相関があることが多くの研究から示されていることに触れていますが、この研究結果は、音読の流暢性が読解能力のみならず、学力全体にも影響を及ぼすことを示しているのです。

（注10）この髙橋（２０１３）は、読解能力の発達段階によって音読が読解過程に及ぼす影響はどのように異なるのか、そして黙読での読解能力を習得する上で音読はどのような役割を担うのかを考察することを目的とした研究です。この研究の優れたところは、先に述べたような音読の意義、有用性は読者の状況によって変わるということを踏まえた上で考察を進めているという点です。そのため、「成人における音読の有効性」と「児童における音読の有効性」について明確に分けて分析、考察を進めており、そして見出された成人及び児童における「音読の意義」は極めて妥当に思われます。児童における音読の意義、有用性として次の3点を挙げています（102ページ）。

1. 音読の音声情報がそれまでの言語理解体系に親和的であること。
2. 構音運動という能動的な活動が含まれること。
3. 読解中に利用できる認知資源が少ない児童にとっても、音読によって読解の基礎的な認知プロセスをクリアできること。

これらの意義は、どれも「感覚的な側面」としての意義ではなく「読む力」としての意義として位置づけることができるでしょう。これまで見てきたように、特に実践者は音読指導をする際、「音声言語活動につながる基礎能力を養う活動（感覚的な側面）」としての意義に偏りがちでした。そのため、このように「読むこと」としての音読の意義を明確にまとめているこの研究は非常に価値が大きいと言えます。

第2章

学力が高まる！
クラス全員で取り組める
音読指導システム

▼音読時の姿勢

音読時の姿勢は、様々な音読指導の本に目を通してもほぼ共通しています。

背中を伸ばして、胸を張り、足をピッタリ地面につけることです。背中を伸ばした状態からでも読みやすいように、教科書を軽く立てるようにします。

これは、教室で「良い姿勢」とされている姿勢とほぼ同じでしょう。

それではなぜこのような、いわゆる「良い姿勢」が音読に適しているのでしょうか。

それは、音読時にしっかり声を出すためにはしっかり息を吸うことが必要不可欠だからです。

そのためには背中をしっかり伸ばす必要があります。背中が丸まっていると肺が縮こまって息をたくさん吸えないからです。

背中をしっかり伸ばすためには、胸を張らせることです。

胸を張ることで背中も自然と伸び、息もたくさん吸うことができるようになります。

背中を伸ばして、胸を張る姿勢をとるためには、下半身がしっかり踏ん張れていることが必要にな

ります。

そのため、足をぴったり地面につけなくてはなりません。

このように、音読時にいわゆる「良い姿勢」をとるのには「息をしっかり吸うため」という大きな理由があり、そのときとるべき姿勢の各要素は、それぞれ繋がり合っています。

子どもにもこのようなことをきちんと説明すべきだと思います。それもなしにただ「背中を伸ばして！」だけだと根性論になってしまいます。

また、ここで示したのはあくまでも「基本形」です。

たどたどしくしか読めない子達は、初めのうちは教科書を机に倒して、指で追いながら読むようにさせます。

このような子達は、同じ行を何度も読んだり、行を読み飛ばしてしまったりするという傾向があります。それを防ぐために指でなぞらせるのです。「基本形」では目が文から遠すぎます。

ですから、私は音読のときの姿勢は「基本形」ももちろん教えますが、「まだスラスラ読めない子は教科書を倒して指でなぞって読みましょう。自分で選んでごらん」と子ども達に伝えています。

すると、音読が得意な子は初めから「基本形」で読みますし、苦手な子は練習が足りていないときは教科書を倒して指でなぞりながら読み、自信がついてきたら教科書を立て、「基本形」で読むようになります。「基本」はあくまでも「基本」です。それが子ども達の足かせになっては意味がありません。柔軟に、子ども達が選べるようにしていくのがよいと思います。

▼音読指導の基本的な流れは「範読」→「追い読み」→「〇読み」である

音読指導の基本的な流れは、「範読」で範を示し、「追い読み」で教師の読みを真似してやらせてみて、「〇読み」で一人ひとりの音読を把握していく、という流れです。

これを基本にして、あとは子ども達の実態に即して変化させていくこともできますが、まずはこの流れできちんと指導することが音読指導充実の第一歩だと思います。

この流れで指導すると子どもにとって無理がないからです。

学習が苦手な子、音読が苦手な子は文章を渡され「はい、家で音読練習しておくように」と言われても、なかなかできません。それに加えて、保護者がいないあるいは仕事で忙しいなどの事情で家庭で音読を見てもらえないとなれば、より一層状況は難しくなってしまいます。

ですから、学校できちんと教師が範を示し、やらせてみて、その後一人で読むという流れを踏む必要があるのです。

音読する力は、学力の基礎となる力で全員に保障していきたい力だと繰り返し述べてきました。

もちろん、学校で指導することに「全員に保障」しなくてよいことなどないとは思いますが、特に音読力はその力が関わっていく領域の広さを考えると、特に全員に保障したい力だということです。

そんな音読を指導する際に、いい加減で子どもの元々もっている能力任せになってしまうような放任的な指導では、格差を助長してしまいます。この流れできちんと指導することが重要だと思います。

▼音読指導のスタートは「範読」から

音読指導は、読ませるところからではなく「範読」を聞かせるところから始まります。

この過程を飛ばしておいて「もっとスラスラ読みなさい」と言うのは指導を放棄しているのと同じです。

「範読」は、教師が音読をして子ども達に範を示すことです。

これが全ての始まりです。子ども達が初めて目にする教材文をどのように音読するのがよいのか、手本を示し、自分で練習する際の目標を示すことに繋がります。

また、音読が苦手な子に対しては、漢字の読み方などを教えることになり、自分で練習する際の助けになります。

もちろん、子ども達は音読に対してやる気になってくれれば、授業で学習している教材よりも先の教材を自分で音読練習してくるようになっていきます。

それだけでなく、「良い音読」の基準が子ども達の中で具体化され、クラスで共有されていけば、それに基づいて、かなりの精度で自分から練習するようになっていきます。

そのため、年度の後半には単元の初めにいきなり子ども達に読ませても、相当のレベルに達していることもあります。

それでも、私は「範読」は必要だと思います。

子ども達に対して「先生も頑張って読むよ、練習しているんだよ」という姿と意気込みを見せることは、ある程度伸びてきた子ども達がもう一段階伸びる上で非常に重要なことだと思うからです。

国語科指導書には、朗読ＣＤが付属しており、それを使用される先生もいらっしゃいますが、私は「範読」は必ず自分でやると決めています。

後述しますが、子どもに求める「ハキハキ」とか「スラスラ」などを子ども達に具体的に示すことができるからです。

このような理由から、私は「範読」をきちんと子どもに聞かせることが重要だと考えています。「範読」の際、気をつけるべきことは、何も声優やナレーターのような、表現力豊かな朗読をしなくてはいけない、ということではありません。

それでは多くの先生が範を示すことができません。

これまで見てきたように、学校教育における音読指導の第一義は「読み上げる力の育成」、つまり「スラスラ読める力」をつけることでした。

また、音読活動を意義あるものにしていくには、やはりしっかり声を出して自分でその声を聞くことも大切ですし、正確に読むことも大切です。

それらの三原則、「ハキハキ」「スラスラ」「正しく」を具体化した音読を「範読」として子ども達に対して読んでいけばよいと思います。

教師にとってもなかなかできないことを、子ども達全員に求めることはできません。しかし、この三要素をしっかり踏まえた音読であれば、きちんと範を示すことは可能でしょう。

▼「追い読み」で範を示しつつやらせてみる

範読で子ども達に範を示した後、すべきは「追い読み」です。

「追い読み」とは、教師が読んだ後、同じ箇所を子どもが繰り返し読むことです。

追い読みでは、範読で読み方を知った後、それを子ども達が実際に行っていくことになります。

先ほど範読を聞いたばかりですから、いきなり一人で読むことはできない子が多いので、「追い読み」は範読の後、必ず入れる必要があります。

「追い読み」なしに範読を一度だけ聞かせただけでは、音読が苦手な子は正しい音読が分からず、家でしっかり練習することもできません。

学校で音読指導をする目的は、一人ひとりの音読力を高めていくために自分一人で質の高い練習ができるようにすることです。

そうすれば、子どもは自分でどんどん音読を練習して上手に読み上げられるようになっていきます。

そのためには、正しい音読像（三原則の音読）を子ども達にしっかりと範読で伝え、「追い読み」でやってみせなくてはいけないのです。

ただし、「追い読み」は少し時間がかかります。一度教師が読んだ箇所を子どもにもう一度読ませますから、本文を2回読むようなものです。

そのため、この単元では音読を重視して指導しようと決めた「読むこと」単元であっても、何回も行うことは難しいでしょう。

そこで、一度の精度を高める必要があります。ここで言う「精度を高める」とは、繰り返しになりますが、「ここまで伝えて、試しにやらせておけば後は家で練習できるだろう」というところまでしっかり指導するということです。

次のようなことをするとよいでしょう。

・「追い読み」に入る前に、「先生の後に読みます。次からは先生は手伝わず、一人で読むことになります。今、しっかり読み方を覚えましょうね」と今後は一人で読むことを予告する。
・「追い読み」のテンポを上げる。具体的には、子どもが読み終わる3文字前くらいで教師は次の文を読み始める（詳しくは、148～149ページ参照）。
・途中、子ども達が読みにくい箇所がある（声が小さくなったり、バラバラになったりする）場合は、何度か繰り返す。

また、大切なのは子どもが自分一人できちんと練習できるようにすることですから、教科書本文を見ながら読ませることです。時々、文字を読み上げるのは苦手なので、耳で聞いた教師の声をそのまま再現する子がいます。それだと家で一人になったとき文章をスラスラ読み上げられません。教科書の本文をしっかり目で追うように伝え、場合によっては教科書を倒して指で追ってもよいことを伝えていきます。

▼「○読み《まる》」で個別評価していく

「追い読み」まできちんと指導した後は、日をまたいだ後「○読み」で個別評価をしていきます。

個別評価の仕方、ポイントに関しては後に詳述します（127ページ～参照）。

ここでは、「○読み」とは何かということと、なぜ「範読」「追い読み」の後に「○読み」なのかということを述べたいと思います。

まず、**「○読み」とは、読んで字のごとく句点「。」で区切って交代して読んでいく読み方**のことです。

子ども達は一人で音読していきます。

句点までいったら、つまり一文読み終えたら次の子が次の文を読みます。

読んでいく順番は、机の配置の順番が最も分かりやすいでしょう。読ませる前に、あらかじめどのような順番で回っていくか子ども達と確認しておくとスムーズに行えます。

教育現場では最も主流とされている音読の回し方だと思います。

そして、「○読み」は一人ひとりの読む声を教師が聞ける回し方です。

ですから、個別評価に適しているのです。

「範読」と「追い読み」までは全員で行っていました。しかし、「○読み」からは、一人で読むことになります。

ここからが、音読指導の本番です。

音読三原則「ハキハキ」「スラスラ」「正しく」

さて、音読指導の基本的な流れが分かったところで、いよいよその内実に入っていきたいと思います。

既に何度か述べてきているように、**目指す音読の理想像は、「ハキハキ」「スラスラ」「正しく」**です。

音読指導においては、この三原則を全員が達成できるように指導することが教師の指針でもありますし、同時に子ども達に求めていく条件でもあります。これら三原則は良い音読を指し示す言葉として聞き慣れた言葉だと思います。ここでは改めてこれらがどんな読み方を指し、そしてなぜ大切なのかを考えておきましょう。

まず「ハキハキ」とは、ゴニョゴニョと不明瞭に小さい声で読むのではなく、一音一音をはっきりとしっかりした声で読むことです。

音読の意義の一つが、声に出して読み上げることで、自分の声を自分で聞き、理解を確かめたり深めたりするということです。また、何度も何度も声に出して読むことで、日本語のリズムが体に染み込んでいくという「言語感覚」を養成するという側面もあります。ゴニョゴニョと不明瞭に小さな声で読んでいては、これらの効果が半減してしまいます。そのため、「ハキハキ」は非常に重要です。

他の二つの「スラスラ」「正しく」を先に意識させると子どもの声はやや不明瞭に、小さくなっていきがちです。ですから、**まずは「ハキハキ」を意識させることが重要**です。「ハキハキ」と読めた上での「スラスラ」であり、「正しく」です。

「ハキハキ」に関して一点注意が必要なのは、決して「大きな声で」ではないということです。声の大きさは子どもによって違います。全員に求めるのは「大きな声」ではなく、「ハキハキ」と明確に発音するということなのです。

次に「スラスラ」とは、つっかえることなく流暢に読み上げることです。

これは、既に述べてきたように音読指導の中心的なねらいとなる力です。「スラスラ読み上げる力」は読解力だけでなく学力全体にも相関するからです。しかし、あまり現場では意識して指導されていないように感じます。というのも、他クラスの音読を聞くと非常にゆっくり読ませている先生が多いからです。そのため、私は「声を大きく」などという一般に最も頻繁に指導されることよりも「スラスラと」ということをより意識して指導すべき、と前章にて述べました。

子ども達に音読力を保障していく、と考えたとき、この「スラスラ」を全員に保障することだと捉えるとよいでしょう。

ただし、これは先に述べたように「ハキハキ」があっての「スラスラ」だということを忘れてはいけません。いくら教師が「スラスラ」をより意識的に指導すべきだからといって、それだけを子ども達に指導していると、子どもはゴニョゴニョと不明瞭に読むようになります。とにかくスピードだけを追い求めてしまうからです。そうではなくて、「ハキハキ」と明確に発音しつつ、それをキープした上での「スラスラ」だということを子ども達に意識させましょう。

最後に「正しく」とは、書いてある文章を間違えることなく音読することです。

いくら「ハキハキ」と「スラスラ」と読めても、読み間違えては意味がありません。一つ一つの言葉を正しく読むように、子ども達に指導していくべきです。

正しく読むには、一つ一つの言葉を正しく認識する必要があります。漢字の読み方が分からなければ正しく音読しようがありません。

また、多くのひらがなで書かれた文を読むときは、副詞や助詞なども知らなければ読み間違えてしまいます。

「正しく」読み上げようとすることで、一つ一つの語句を正しく認識することに繋がっていきます。語彙を増やすことが学習指導要領でも訴えられていますが、その一歩は語句を正しく認識し、読めることだと思います。そういった意味で、音読指導は語彙指導の第一歩とも言えそうです。

「正しく」読むことは、語句を読み上げることだけで意識させるのではありません。後に詳しく述べますが、私は「区切り」に関しても正しく読ませることを意識しています。区切りに関しては、特に読点を意識させています。何も指導せずに子ども達に音読させると、必ず思い思いの場所で区切るようになります。

意図があって区切るのであればいいのですが、子ども達の様子を見ているとそうではなく、何となく区切っているのがほとんどです。そのように読ませていては、「正しく」とは言えません。

子ども達も、一人ひとりが違うように読むので、何が「正しい」音読なのかが分からなくなっていきます。句点はまだしも、読点には厳密なルールはありませんが、読点は著者や作者が打ったものですから、私は尊重すべきだと考えています（杉澤（２０００）でも同様のことが述べられています）。ですから、句読点で区切るのを基本形として位置づけて読ませていくようにしています。

その方がクラスの子ども達も分かりやすい基準ができます。「基本形」ができてきてから、自分で意味の区切りを考えて区切っていくようにします。このような段階的な指導についても、後に詳述したいと思います。

区切りに加え、高低も重要な「正しさ」の一つです。日本語は「強弱」の言語ではなく「高低」の言語であると言われます。「高低」を使い分けることで意味を使い分けているのです。

例えば、「はし」という言葉を「高・低」で読むと「箸」になりますが、「低・高」で読むと「橋（端）」になります。

このように、「高低」を正しく読ませることも日本語の音読において非常に重要です。

▼三原則の段階性―まずは「ハキハキ」を―

音読三原則である「ハキハキ」「スラスラ」「正しく」はどれも重要です。

ですが、一般的には現場では「ハキハキ」のみが重視されて指導されているように思います。教師の方が、「きちんと声を出して！」くらいしかアドバイスできないことが原因だと思われます。「スラスラ」も「正しく」も非常に重要なのですが、これらはやはり「ハキハキ」があってこそのものです。明瞭にしっかりとした声で読むことなくして、音読力は高まっていきません。

そのため、**この三原則の中でも「ハキハキ」はより優先して先に達成すべき原則です**。「スラスラ」と「正しく」を先に指導していくと声はどうしても出にくくなってしまいます。後から「ハキハキ」と読ませるのは難しいのです。逆に先に「ハキハキ」を根づかせればそれを保持しつつ、「スラスラ」と「正しく」も同時に達成していくことができます。

▼「ハキハキ」の指導

①年度初めが肝心である

他の「スラスラ」も「正しく」も同様ですが、音読三原則の指導は、ひと言で言うと「音読とはこうやって読むものだ」ということを子ども達と具体化しながら共有していくことです。

ですから、「ハキハキ」の指導は、「音読とは、これくらいしっかり声を出して、はっきり発音することだ」と実際に読ませて体験させながらクラス全体で共有していくことです。

「ハキハキ」の指導は、年度初めが最も肝心です。

年度初めを含め、途中までゴニョゴニョとした音読に対して何も言わずに黙認しておきながら、途中からしっかり声を出すことを要求していくというのは非常に難しくなります。

また、「ハキハキ」に関しては、多くの子どもは自分が「できている」気になっています。

しかし、年度初めに読ませてみると、ほとんどの子がボソボソと小さな声で不明瞭に読みます。

これは、それまでのクラスで「ハキハキ読みましょうね」と直接的にも、音読カードの評価項目などで間接的にも言われ続けたにもかかわらず、実際に教師の前ではボソボソと読んでいるのを黙認されてきた証拠です。あるいは、教師がその子の音読を聞いて評価する機会すらほとんどなかったのかもしれません。つまり、教師が子どもの音読の声の貧弱さを正してこなかったということです。

学校で指導されないから、家でもしっかりとした声で練習するはずがありません。

こうして、自分ではしっかりとした声ではっきり読んでいるつもりはないけれど、特に教師からも何も言われないからこれでできているのかなと思ってしまい、「自分はこれでいいんだ」とできていると勘違いをし始め、それが続いている状態なのです。

これを打ち砕くのは、年度初めしかありません。「今年はこれまでの音読ではダメだ」と子ども達に思わせなくては、子ども達の読む声は変わりません。

他の「スラスラ」と「正しく」はどちらかというと技能面指導の要素が強く、子ども達にとっても新たな発見があるので、比較的年度の途中からでも指導していくことができます。

一方、「ハキハキ」は、しっかりとした声が出てはっきり読めるようにするための技能面の指導もしますが、最も大切なのは「しっかりした声で読もう」という音読への姿勢の面、気持ちの面の指導です。つまり、やる気です。子ども達が新年度へのやる気に満ちているときこそ、指導が効果的です。「やる気」というと何か根性論のような気がして、敬遠される方もいるでしょうが、今までと違って音読に対してやる気があるからこそ、しっかりとした声ではっきり読むようになります。そのように読んでいくとますます音読が好きになっていき、「スラスラ」や「正しく」といった指導もどんどん吸収していくようになるのです。

しかも、**「ハキハキ」は基本的には誰でもその気になればできること**です。

他の「スラスラ」や「正しく」、またそれより先の「意味句を考えて自分で区切る（意味句読み）」という読み方はある程度の語彙力や読解力を要します。

それに比べて「ハキハキ」は、つっかえてもよいし間違えてもよいので、とにかくはっきり明瞭に、しっかりとした声で読めばよいのです。

年度初めは、こうした「誰でもその気になればできる」ことから指導していくべきだと考えています。そうして、成功体験を積ませ、達成感を得させていくことで音読やその他の学習への意欲も高まっていき、よいサイクルが生まれていくのです。

②時にはバッサリと切ることが子どもを燃えさせる

それでは、どうしたら子ども達がはっきり明瞭に、しっかりとした声で読むようになっていくでしょうか。

それは、**「いい加減」を許さない**ことです。

前述のように、初め子ども達は「自分はできている」と音読をナメてかかってきます。いい加減に読むのを見つけたら、「聞こえません。次の人」と回してしまうのです。これは、一見突き放しているように見え、年度初めしかできない指導です。逆にやる気をなくしてしまうのではないか、とお思いになる方もいるかもしれません。また、後述するように子どもによっては元々非常に声の小さい子もいますから、そのような子にはきちんと配慮することが必要です。

ですが、このような懸念を差し引いたとしても、こうして「バッサリ切る」ような一見厳しい指導は、子ども達の音読へのやる気を高めます。

そもそも子どもは一度「ダメ」と言われたからといってすぐにやる気を失ってしまうほど弱くはありません。むしろ、自分としてはそんなに頑張ってもいないのに「上手だね」とおだてられたり、全く自分を評価してもらえなかったりする方がよっぽどやる気を失います（私からすれば、今の音読指導はほとんどこのような状況です）。

そんな状況を打ち破るのがバッサリと切る指導です。子ども達は音読に対してダメ出しをされる経験すらほとんどないので、最初はあっけに取られます。しかし、それを乗り越えて「もう一度読みたいです！」となっていきます。子どもは、本当は強いのです。これだけでも、多くの子が音読への姿勢を変えていきます。

③自分の声で「ハキハキ」を「具体化」させる

言うまでもなく、バッサリ切るだけではダメです。「どのようにしたらよいか」を示さなくては、指導とは言えません。ただの「否定」です。

「どのようにしたらよいか」を指導するには二通りあります。

一つが、「子どもに読ませながら、子ども自身の声を使って具体化」していくこと、もう一つが「息や姿勢、口の開け方」などを指導していくことです。

ここでは、まず一つ目の「子どもの声で具体化」していく方法について説明しましょう。

これは、ひと言で言うと「子どもにしっかり声を出してはっきり読む経験をさせること」です。

少しくらい口の開け方がおかしくても、息をしっかり吐けていなくてもよいのです。大事なのは子どもを「しっかり声を出して読もう」という気持ちにさせることです。

しっかりした声で読むには口をきちんと開けて息をたくさん吸って吐く必要があります。

このような指導は重要ですが、肝心の子ども自身が「しっかり声を出して読もう」という気持ちにならなければ、口を大きく開けたって、息をたくさん吸ったってダメなのです。

休み時間にはあんなに大きな声で友達と話している子ども達です。その気になりさえすれば、「しっかりとした声」なんて絶対出せるのです。そうした声を実際に出させていき、「音読はこれくらいの声で読むのだ」と「具体化」し、クラスで共有していくのです。

このような指導は「バッサリと切る」指導とセットで行うと効果的です。

具体的には、次のように私は行います。

指導例

教師「それでは、○○を皆で音読しましょう。この前、先生が読んで聞かせて、追い読みをして、家で練習をしてきたはずですね。もう何度か練習しているでしょう。今日はとにかくハッキリ、しっかりとした声で読んでください。ゴニョゴニョしている場合は次の人に回します。ＯＫのときは止めませんので、読み続けてください」

子「～～（音読）」

教師「ゴニョゴニョしています。次の人」

子「～～（音読）」

教師「聞こえません。次の人」
教師「読み続けられた子はほとんどいませんでしたね。もう1周するので、その前に少し自分で練習しましょう」
（教室1周繰り返す）
子（真剣に練習する。これだけでも指導前とはかなり姿勢が違います）
教師「はい、やめてください。それでは、さっきと同じ順番で読んでもらいましょう」
子「～～（音読）（多くの場合、先ほどとは打って変わってしっかりした声で読みますので、しばらく読ませます）」
教師「一旦やめてください。さっきとは全然違いますね。それくらいしっかりした声で読むのが『ハキハキ』と読むということです。このままでは次の人にいけないので、ここで切って次の人に読んでもらいます」
（もう一度クラス1周する。ほとんどの子の声は段違いにしっかり出るはずなので、しっかりと価値づける）

いくら声の出し方や口の開け方を指導しても、実際に声を出すのは子どもです。子どもがその気にならなければ、絶対にしっかり声を出しません。子ども自身が「これくらいしっかり声を出さなくてはいけないんだな」と思え、子どもの中で「ハキハキ」が「具体化」されることが重要です。
そうすれば、少しくらい口が開いていなくても、姿勢が悪くても、しっかりした声で読むことができます。多くの子どもは、元々声を出すことが好きですし、声が大きいものだからです。

しかも、このように子どもの中で音読三原則が「具体化」されれば、自分一人練習するときもそれを再現できるようになり、結果的に練習の質が格段に向上します。

学校の授業だけで音読の機会の確保が難しい今、こうした子どもの中での音読三原則の「具体化」は必須なのです。

④口を大きく開けること→息をたくさん吸って吐くこと→姿勢を正すこと

子どもの声で「ハキハキ」を「具体化」することに加え、体の使い方など「技能的」な指導も「どうしたらよいか」を示すために大切です。

しっかりした声で読ませるには、「口をしっかり開けること」「息をたくさん吸って吐くこと」「姿勢を正すこと」の三つが重要です。

ポイントは、**これらをバラバラに指導するのではなく、繋げて指導すること**です。

例えば、次のように語ります。

「みなさん、だいぶしっかりとした声で読めるようになってきましたね。もっとしっかりした声が出せる方法を教えます。そもそも、声はどこでつくられているか知っていますか。指さしてみてください。多くの子が口を指さしていますが、正解は喉です。声帯というところにあるものを通して震わせることで声が出ています。では、そのあるものとは、何でしょうか。そう、空気です。だから、しっかりした声を出すには、空気をいっぱい吸ってたくさん声帯を振るわせなくてはいけないのです。

そのためには、姿勢を正しくすることです。背中を曲げると空気を貯める肺に、空気がしっかりたまらないからです。姿勢を正しくして、空気をたくさん吸って吐いて声帯を震わせても、肝心の出口が狭いとしっかりした声は出ません。さて、出口とは……？　そう、口です。口をしっかり開けないと中でこもってしまい、声は出ません。まとめます。姿勢を正しくして息をたくさん吸って、吐きながら声を出して、口をしっかり開けることです」（適宜、それぞれに「体験」を入れるとさらに効果的。例えば、同じ声の大きさを出しながら口を半開きと全開にして聞き比べ、口を大きく開くことの大切さを体験させるなど）。

このように繋げていけば、バラバラに要素を覚えなくてすみますし、自分の体を意識的に使えるようになります。このような頭で理解させる指導に加えて、さらに詳しい技能的な指導を加えていくとより効果的になります。

ただし、ここでのポイントは「教師も子どもも手軽に取り組めること」です。大がかりな準備が必要なものや複雑なものは、音読指導に時間を割きにくい今、なかなか継続できません。

手軽に取り組めるものこそ継続することができます。

口の開け方に関しては、オーソドックスにアナウンサーなどが用いる「あえいうえおあお……」という口の体操が最も手軽に行え、子どもにも根づきます。子ども達の口があまり開いていないなと感じたときに、教師の後に「追い読み」させる形で取り組ませるとよいでしょう。

息の吸い方、吐き方に関しては、鼻から吸って口から吐く腹式呼吸を経験させることです。やり方は次の通りです。

①息を鼻から吸う。お腹を手で押さえ、膨らんでいくのを確認する。
②もう吸えないところで吸ったら、口からゆっくり吐いていく。お腹を手で押さえながら、お腹を凹ませていくイメージで。
③息を吐くときは吸うときの倍くらいの秒数で吐く。
※腹式呼吸のやり方やコツに関しては山田（２０１６）などが詳しい。

姿勢を正すことに関しては、先述の通りです。「基本形」を指導しつつも、指で追うかは子どもに選択させるようにします。

簡単に、「技能面」について述べてきましたが、これらよりも重要なのは子ども自身が「しっかりとした声で読もう」と思うことです。

そのようなやる気があれば、こうした技能的な指導もぐんぐん吸収していきます。技能的な指導は、やる気があるのになかなか声が出ない、というような子達への副次的なものです。

⑤声の大きさは人それぞれ―「大きい」ではなく「張った声」で読ませる―

「しっかりとした声」で読ませるというのは、全員が同じ声量で読むということではありません。子どもによって声が大きい子もいれば、そうでない子もいます。これは大人でも同じことです。そうした個人差は確実に配慮すべきです。そうしないと音読嫌いを生み出してしまいます。

ですから、その子の普段の声量を把握しておき、それに応じて「しっかりとした声を出そうとしているか」を判断するようにします。

つまり、**「声が大きいかどうか」で評価するのではなく、「声をしっかり出そうとしているか」で判断する**ということです。ちょうど、「字がきれいかどうかではなく、丁寧に書こうとしているかどうか」を見ることに近いと思います。このことをきちんと子どもにも伝えるべきです。

例えば、私は次のように子ども達に伝えています。

「走る速さや身長がみんな違うように、元々の声の大きさもみんな違いますね。ですから、先生はいくら『ハキハキ読みなさい』と言っても、全員に○○さん（声量の多い子）と同じくらい大きな声で読みなさいとは言いません。一人ひとり、××さんだったら××さんなりに、△△さんだったら△△さんなりにしっかり声を出そうとしているかを見ます。具体的には、休み時間と同じくらいは出してほしいと思っています」

このように伝えると、**「休み時間の声」**という具体的かつ個人的な声の大きさが一人ひとりにイメージされます。教師の方も、「あれ、休み時間はもっと声出ていたけれどねぇ」と突っ込んでいくこともできます。

「○○さんなりに」というのは決して甘やかすわけではありません。むしろ、**一人ひとりその子なりに全力で取り組むことを求めること**なのです。

⑥教師が示す

最後に、子どもがしっかりとした声を出してハキハキと音読するようになる秘訣をお教えします。

それは、教師自身が模範となることです。

教師自身がしっかり範読の練習をして、腹からしっかり声を出して遠くに声を届けられるような音読を子ども達に聞かせるのです。これは、何も難しいことではありません。「朗読」と違って表現力も要求されません。三原則を踏まえた範読でいいのです。それを一生懸命教師自身が行うことには、ただ口で指示するだけとは比較にならない効果があります。

「追い読み」の際に、教師がしっかり声を出して読んでいれば、自然と子どももつられてしっかり声を出します。時には、「先生一人の声の方がみんなの声よりも聞こえるんじゃない？」などと挑発してもよいかもしれません。

音読は体育のマット運動などと違い、どんな教師でも子ども達に見本を示せる領域です。

子どもが音読にしっかり取り組むかどうかは、最終的にはこういう細かいところにかかっているのかもしれません。

「スラスラ」の指導

①「やや早め」くらいでちょうどよい

「スラスラ」はこれまで述べてきたように、音読指導の中で最も重要と言っても過言ではありません。子ども達の「読み上げる力」を育てていくのが主にこの指導だからです。

子ども達に何も指導せずに読ませると、音読のスピードが遅すぎます。

特に年度初めは、つい先月まで一年間鍛えた子ども達の音読を聞いていたレベルからのギャップで、新しいクラスの子ども達の音読はスロー再生を聞いているように感じることさえあります。

私のクラスの子ども達の音読を直接聞いたり、映像を見たりした先生はみな一様に「どうしてこんなに早く読めるんですか」と口にします。子ども達の読むスピードに皆さん驚かれるようです。

間や抑揚などに気をつけながら表現力も培う「朗読」と違い、本書で目指すのはスラスラと本文を読み上げる「音読」です。

「朗読」であまりにも素早く読むのはおかしいですが、「音読」ではおかしくありません。

むしろ、**私は「やや早すぎるかな」くらいでちょうどよいと思っています。**

急ぎすぎてゴニョゴニョと不明瞭で小さい声にならない限りは、いくらでもスピードを上げていいと思っています。

「朗読」は表現力を培うとともに、聞き手に場面の様子や登場人物の心情を伝える読み方をするのがよいですが、**本書での「音読」は主に子どもが自分自身のために行うもの**と、まずは位置づけているからです。

音読が早ければ早いほど、黙読も早くなるはずです。逆に、音読が遅ければ遅いほど、黙読も遅くなってしまうでしょう。音読が遅いということは、目で見て文字や語句を認識するスピードが遅いということだからです。

とにかく、子ども達の音読のスピードを上げていきましょう。どうも子ども達は「音読する＝ゆっくり読む」だと捉えている節があります。そのような価値観を覆し、「やや早すぎるかも」くらいの早さでガンガン読ませていくことをおススメします。

音読のスピードを上げる指導例を、次に挙げておきます。

指導例

教師「それでは、今日も〇〇を音読していきましょう。今日は皆で読みます。さんはい」

子（音読する、スピードが遅い）

教師「（一文読んだ段階で）ストップ。遅すぎます。そんなに遅くては音読の意味がありません。これくらいのスピードで読んでください。〇〇〇（例示する）。先生の後に続いて、同じスピードで読みますよ（追い読みで試しに読ませる）。そうです。それくらいのスピードです。それでは2分間、一人でこのスピードで全文を練習してください」

子　（練習する）
教師「（2分後）やめてください。それでは、全員で読んでみますよ。さんはい」
子　（音読する。スピードがかなり変わるはずである）
教師「とても良くなりました。家でもそれくらいのスピードで練習しましょう。そうすると、一度に読む時間が短くなって、何度も練習することもできるようになりますよ」

②具体的数値を示す

それでは、具体的にどれくらい素早く読むことが「スラスラ」なのでしょうか。

「スラスラ音読」に関しての先行研究・実践である市毛編（２００９）では、具体的な1分間の読み上げ文字数を次のように示しています（27ページ）。

中学年……1分間300字
高学年……1分間400字

この1分間に300文字という数字は、ＮＨＫアナウンサーが原稿を読み上げる際のスピードと同じです。こういう、具体的な数字があると子どもは燃えるのです。「ＮＨＫアナウンサーという、日本で一番音読の上手な人たちと同じスピードで読めるかな？」と伝えると、非常に意欲を示します。

また、**先に述べたように「ハキハキ」を保持できているのであれば1分間に300文字よりもさらに素**

早く読ませてもよいでしょう。この1分間に300文字という数字は、アナウンサーがそのスピードで読み上げて聞き手が最も聞き取りやすく分かりやすいスピードであるとも言えます。

学校での「音読」は聞き手に聞かせるためでもありますが、それ以上に自分の読み上げる力を高めるために、つまり読み手自身のためにやっていますから、できる子にはさらに素早く読ませるのは全く問題ありません。

先に挙げた市毛編（２００９）では中学年からの「スラスラ」の基準が示されていましたが、私の個人的な経験では、**1分間に300字というのは低学年でも十分できます。むしろどんどん目指していくべきです。中学年は300～400字ほど、高学年は400～500字ほどを目指すとよい**でしょう。

素早く読めるということは、短時間でたくさん読めるということでもありますし、音読にたくさんの時間を割けない現在の状況にも適しています。

③教師が示す

「ハキハキ」の指導の項でも述べましたが、教師が範を示すのは「スラスラ」の指導においても非常に重要です。具体的にどれくらいのスピードで読めればいいのかが、耳で聞いて分かるからです。

1分間に○○文字という基準では、1分間でどこまで読めばいいか、というゴールが分かるだけです。しかし、教師が実際に「スラスラ読むとは、これくらいのスピードで読むことだ」と自分の声で具体化されれば、子どもはそれを耳で聞いて具体的に読むスピードのイメージをつかむことができます。

それを「追い読み」で実際にやってみることでさらにそのイメージは強固になり、結果的に家でもそのスピードで練習することができるようになるのです。

先に挙げた「指導例」でも、教師が「これくらいのスピードで読んでください」と例示し、試しにやらせてみて、それから練習させていました。

音読が得意な子は、どんどん読み上げるスピードを高めていき、低学年でも私が本気で素早く読むのと同じくらい素早く読めるようになっていきます。

読むのが苦手な子は、必ず読むスピードがゆっくりです。

そのため、初めは私が求めるスピードについてこられないことが多々あります。それでも、単元の終盤には自分でしっかり練習を重ね、ついてこられるようになります。かなりのスピードで読めるようになります。

これが、私が求めるスピード自体が非常にゆっくりだと、子どもは燃えないのです。得意な子は最初から求められるスピードで読めますから、全く練習する必要性がありません。読むのが苦手な子も、ゆっくりであれば読めるので、「まぁ先生と同じくらいで読めるしいいか」となり、しっかり練習しません。

教師が読むスピードにおいてもしっかり範を示していくことで、子ども達は「スラスラ読み上げられるようになりたい」という思いを強くしていくのです。

④「スラスラ」の指導のカギは「追い読み」にあり

子ども達の読むスピードを上げ、「スラスラ」流暢に読ませていくには、子どもに読ませてそれに対して「もっと早く読みなさい！」と伝えるだけでは足りません。前項の「教師が示す」とも関わりますが、教師自身が求める「スラスラ」の読みのスピードを示し、それに子ども達を呼応させる形でスピードを上げるのがよいです。教師が読み、それを読むスピードも含めて子ども達にそっくり真似させていくのです。

つまり「追い読み」です。

音読指導の流れの基本形は「範読」→「追い読み」→「○読み」だということを先に述べました。その中で、**子ども達の読むスピードに課題を感じたら、「追い読み」を少し多めに取り組む**ようにします。「追い読み」で徹底的に子ども達の読むスピードを鍛えていきます。

「もっと早く」などと抽象的に指示するのではなく、教師が範を示しているからこそ、子ども達もその早さのイメージをつかめ、再現できるように努力するのです。

また、子ども達の読むスピードを上げていきたいと思っているときの「追い読み」では、子ども達が読み終わる2、3文字くらい前に、教師が次の文を読んでしまうようにすると、非常に効果的です。ダラダラせず、テンポとリズムが良くなり、結果的に子ども達の読むスピードも上がっていきます。

⑤「正しい区切り」とセットで指導すると「スラスラ」は加速する

次項で「正しく」の指導について詳しく述べますが、**「正しい区切り」の指導をしっかりすると、**

子ども達の「スラスラ」は一気に加速していきます。

「正しい区切り」の指導では、「句読点までひと息で（区切らないで）読む」ということを徹底していきます。実は、大人も同様なのですが、子どももそれぞれが好きなところで区切って読んでしまっています。そうではなくて、筆者や作者の打った句読点の位置を尊重し、その通り忠実に読むように指導します。

これを徹底すると、子ども達の音読のひと息が非常に長くなっていきます。かなり素早く「目ずらし」をしていかなくては、低学年の文章でもひと息で読むのが難しくなっていきます。**「句読点までひと息に」読もうとすることで、自然と子ども達は「スラスラ」読もうとするようになっていく**のです。

これは、単に「もっと早く読みましょう」と直接的に伝えるよりも効果があります。子ども達にとって「もっと早く」という曖昧な基準よりも、「句読点までひと息で」という方が具体的で取り組みやすいのです。

「正しく」を指導していくことで「スラスラ」もカバーできるのは一石二鳥ですし、双方の要素を高め、相乗効果をねらえるので、教師が意識的に指導していきたいことです。

▼「正しく」の指導

①読み間違いがないようにする

「正しく」の指導は、まず読み間違いがなくなるように指導することです。読み間違いがないということは、書いてある文章を間違えずに読むということです。

このように書くととても単純なように思えますが、実は読み間違いには様々な種類があります。子ども達の読み間違いの種類を知っておきましょう。

山口（２０１１）では、音読中の読み間違いについて分類しています。その中でも次の四つが主な子ども達の音読で見られる間違いです。

- ・代用
- ・省略
- ・挿入
- ・躊躇

「代用」とは、書いてある言葉以外の言葉として読んでしまうことです。例えば、「そして」と書いてあるところを「だから」などと全く違う言葉として読んでしまうことです。

「省略」とは、実際には書いてある言葉を飛ばして読んでしまうことです。例えば、「おじいさんとおばあさんがいました」と書いてあるところを「おじいさんがいました」と「おばあさん」を省略して読んでしまうことです。

「挿入」とは、実際には書いていない言葉を自分で付け足して読んでしまうことです。例えば、「一つもらいました」と書いてあるところを「一つだけもらいました」と読んでしまうことです。

これらの読み間違いへの指導に関して、野口（1986）では次のように述べられています。

「本人が自覚しない限り、読み誤りは何度でも正しく読み誤り続けられる。読み誤りは、指導によって正されない限り、いつまでも、誤り続けられる」

教師がしっかり読み間違いに対して指導すべき、という指摘です。

私もその通りだと思います。音読を宿題にしていても、教室で読ませてみると意外なほど読み間違いがある場合があります。それを放っておいては、ずっと読み間違いが続いてしまいます。

それでは、読み間違いに対して教師はどのような指導方法があるのでしょうか。山口（2009）では、次のような指導法が挙げられています。

- ・手がかり（間違えた語の前まで読む）
- ・無反応（意味を取り違えていないとき）
- ・短否定（例「いや」）

・質問　（理解を問う）
・教える（正しい読みを教える）
・ヒント（単語の初めの音を言うなど）

これらを、**先ほど挙げた読み間違いの種類と子どもの実態に合わせて使い分ける**ことが重要です。

例えば、読む力の低い子が熟語のところで「躊躇」している場合、漢字が読めないという理由が考えられます。この場合は、「ヒント」や「教える」が適した指導だと考えられます。読めないものは読めないので、教えてあげる方がよいです。自分で気づかせるという方向性の指導は難しいでしょう。

反対に、読む力の高い子が助詞などを「省略」して読んだ場合、自分の推測によって読み飛ばしていることが考えられます。この場合は、「短否定」や「手がかり」が適した指導だと考えられます。読む力はあるので、自分で気づかせていく方が適していると言えるでしょう。

このように、音読の読み間違いは様々な種類があり、指導法も様々あります。大切なのは、なぜそのように読み間違いをしているかを推測し、それに対して適している指導法を教師が意識的に選択して指導していくことです。そうしたことの積み重ねで、子ども達の読み間違いに対してより効果的な指導ができていくようになるでしょう。

②区切りの間違いがないようにする

前項で挙げた読み間違いは、書かれている言葉とは違って読んでしまうことでした。これをなくすことだけが「正しく」の指導と勘違いされがちです。

しかし、本書の音読指導における「正しく」には、単に書かれている「言葉」を間違えずに読み上げるだけでなく、「区切り」も正しさの一つとして捉えます。というのも、私は、これを最初のうちは厳密に見ていくことが、子どもの音読への意欲や読む速さの向上に繋がると考えているからです。

ここで言う「区切り」とは、息継ぎをするところという意味です。つまり、正しい「区切り」を指導するということは、息継ぎをする箇所はここ、と約束事を決め、クラス全体に指導していくということです。言い換えると、ひと息で読む長さを決める、ということです。どこまでをひと息で読み、どこで区切るのかの「正しさ」を決めることで子ども達の音読への意欲と読みのスピードが高まります。

その方法は簡単です。

「区切る」箇所は、句読点のみ、と指導するだけです。この考えは、東京未来大学の神部秀一先生のお考えを参考にさせていただいています。

杉澤（２０００）でも指摘されていますが、音読の際、大人でもいい加減なところで区切って読んでいます。子どもならより一層です。子どもに何も指導せずに読ませると、本当にみんなバラバラのところで、面白いくらい好き勝手に区切ります。**句読点よりも短い単位で区切ってしまうことがほとんど**です。これを、「句読点だけで区切ること」という一点のみ指導するだけで、子ども達の意識は激変します。子ども達はこれまで正しい「区切り」の指導をほとんど受けてきていないので、自分の思い思いの箇所で息継ぎをして読んでいました。しかし、この指導をすると、句読点までひと息で読まなくてはいけなくなるため、一気に緊張感が増すのです。高学年などは音読など「余裕でできる」

と思っていますが、そういう慢心を打ち砕いていくことができます。

また、句読点までひと息で読まなければ、という意識をもつと、自然と目を先に先にずらしていくようになります。つまり、「目ずらし」が促進され、読むスピードも上がっていくということです。

実際に、次の文を句読点まで必ずひと息で音読してみてください。

地震の多いこの国に生きるわたしたちは、百年後のふるさとを守るために浜口儀兵衛が行ったことから、多くのことを学ぶことができる。

（平成27年度版光村図書5年国語教科書「百年後のふるさとを守る」より）

いかがでしょうか。大人でも意外と初見では句読点までひと息で読むのは、かなり急いで目をずらしていき、集中しなければ読めないことがお分かりいただけると思います。

このように、正しい「区切り」の指導をすることには様々なメリットがあるのです。

③高低の間違いがないようにする

書いてあることを正しく読むこと、「区切り」を正しくすることに加え、「高低」を正しく読ませることが重要です。

金田一（1991）によれば、**日本語は「強弱の言語」ではなく、「高低の言語」と言える**そうです。

「強弱の言語」で最も分かりやすいのが英語です。

英単語を学ぶと必ずアクセントはどこかを確認することになります。発音記号の上に「´」がついている箇所がアクセントのあるところです。英語は強弱を使い分けることが大きな特徴の一つなのです。

一方、日本語は比較的平坦で、アクセントはあまりありません。つまり、発音の強さの差はあまりないということになります。

しかし、高低の差はあります。日本語は強弱ではなく高低を使い分けることで成り立っています。ですから、「高低」を正しく音読させていくことは、日本語の特質上、非常に重要なのです。

これは、一単語でも、一文でも成り立つことです。

例えば、「あめ」という単語を例にとって考えてみましょう。「高↓低」で読むと「雨」という言葉になります。一方、「低↓高」で読むと「飴」という言葉に変化します。先に挙げた「はし」という言葉も同様です。これらは、高低によって意味が変わってしまうという極端な例ですが、意味が変わるまでいかなくとも、高低を間違えて読むと非常に違和感があります。「ため」という名詞は普通「低↓高」で読みますが、試しに「高↓低」で読んでみてください。非常に違和感があるでしょう。

「これを食べるためにやってきた」

という文を読む際にも、「ため」という一つの言葉の高低を間違えて読んだだけで一気に違和感のある音読になってしまうのがお分かりいただけると思います。

このように、日本語の単語では高低を使い分けて発音しているのです。

そして、高低を使い分けているのは、単語単位だけではありません。一文を読むときにも高低を使い分けています。**一文を読むときの高低は、説明的文章でも文学的文章でも、基本的には「高↓低」です**。これを子ども達に意識させるだけで、音読が大きく変わります。

試しに、次の文を「低↓高」で読んでみてください。

「おじいさんは山へ芝刈りに、おばあさんは川に洗濯に行きました」

具体的には、初めから「芝刈りに」まで「低↓高」で、またそこから最後の「行きました」まで「低↓高」という感じで読んでみてください。いかがでしたか。非常に大きな違和感があったはずです。

それでは、逆に初めから「芝刈りに」まで「高↓低」で、そこから最後まで「高↓低」で読んでみてください。いかがでしょう。きっと、しっくりくる感じがあると思います。

比較してみると明らかですが、後者の方が音読が上手に聞こえるはずですし、聞いていて落ち着くはずです。前者は幼い感じがしたはずです。言うなれば、幼稚園などのお遊戯会のようなイメージです。逆に後者は、大人っぽく、かっこよく聞こえたはずです。言うなれば、昔話の朗読のような感じがしたはずです。

子どもは放っておくと、前者の「低↓高」に陥りがちです。

よく、幼稚園の子ども達や低学年の子ども達に「ありがとうございました」と皆で言わせると、「低↓高」で「ありがとうございました↑」という感じで、語尾を上げて言います。「低↓高」の読み方、言い方は違和感があるにもかかわらず、子どもはそれを使いたがるのです。特に、声をしっかり張ろうとするときには顕著です。

ですから、「ハキハキ」を指導していくと必ずこのような「低→高」の不自然な読みに陥ります。高学年でも、しっかり声を出させると文末を高く読もうとします。文の「高低」の読み方を指導をすると、子どもの読み声はかっこよく、大人っぽくなります。子どもはそれを自分で感じることができ、達成感を得られます。

指導法は単純です。「文の最初を高く読み始め、文の終わりを低く弱めに終わるようにしよう」と伝えるだけです。例を教師が示して、子どもにもやらせてみれば、一気に変わっていきます。

指導例

教師「皆、ハキハキとしっかり声を出して読めるようになってきましたね。一度聞かせてください」
子（音読する）
教師「うん、しっかり声が出ていて、はっきり読めていていいですね。ただ、一つだけ、下手なところがあります。どこだが分かる人いますか」
子（挙手したら当てて言わせてよい。恐らく正解は出ない）
教師「実は、声の高さなのです。文の最後が高くなっていました。○○でした↑（例示する）などとかいう感じですね。これって、実は幼く聞こえるのです。ほら、幼稚園の子達がお礼をいうとき、どういいますか。必ず、ありがとうございました↑と言いますね」
子「たしかに！」

教師「本当は、逆なのです。高い音から入って低い音で終わる方がかっこいいんです。○○でした↓（例示する）という感じですね。やってみましょう」

子（練習する）

教師「それでは、誰かこの文をかっこよく、高い音から入って低い音で終わる読み方をしてみてくれませんか？」

子（指名された子が一人読む）

教師「すごい、とてもかっこよくなりましたね。皆で読んでみましょう。さんはい」

子（全員で高低に気をつけて読む）

教師「素晴らしい。本当にかっこよくなりました。皆さんは声がしっかり出ていますから、今度は声の高さに気をつけて読んでみましょう。文の初めは高めで始まって、終わりは低く、弱めで終わりましょう」

高低の指導は、学年が上であれば上であるほど入りやすく、すぐに子ども達の読む声が変わります。そしてそれを自分達で自覚することができます。かっこよくなったのが分かるのです。そうすると、より一層音読に対してやる気をもつようになります。

ほとんどの子達が、今まで「声の高低」に気をつけて音読することなど指導されてきておらず、非常に新鮮なのです。子ども達の心をつかむことができる指導です。

▼まずは教科書をフル活用せよ

本書の指導法で使う教材は、**基本的に国語の教科書に載っている教材文**です。別教材を用意してもよいのですが、まずは全員に支給されている国語教科書での音読指導に力を入れていけば、子ども達の読み上げる力は伸ばすことができます。ですから、本書の指導法では、基本的には国語の授業で、国語の教科書を用いて指導することを想定しています。

そもそも、現場の先生方が音読指導から離れがちなのは、授業で扱うことが多すぎて、そこまで手が回らないという問題がありました。その中で、絶対に使用しなければならない国語教科書を差し置いて、別教材で音読指導を進めていく、というのは効率がよいとは言えません。

よく、日本語の名文をたくさん読ませ、音読・暗唱させることで子ども達に日本語のリズムを染み込ませていく、という主旨の指導を目にします。もちろん、それ自体は素晴らしいことですが、子ども達自身が音読に対して意欲をもっていなければそうした指導もなかなか実を結びません。**まずは国語教科書をフル活用し、国語教科書を用いて子ども達の音読への意識を高めていく指導がされるべき**です。国語教科書だけでも子ども達の音読力を存分に高めることはできるのです。

このことを実感したのは、1年生を担任したときです。

国語教科書をフル活用しながら音読指導に当たり、子ども達は音読が大好きになりました。その結果、クラス全員が国語教科書を丸1冊暗唱できるようになってしまいました。それなりに分量のある説明文や物語も含めて、です。

保護者も、「子どもの力をナメてはいけませんね。教科書1冊を悠々と暗唱しているわが子を見て、そう思いました」と口にされていました。

それだけ全員が教科書を読み込んでいるから、1年生がつまずきがちな「は、を、へ」の表記のミスはほとんどなく、漢字の習得率も驚くべきものでした。また、読解の授業でも非常に高度な内容の話し合いが可能でしたし、書く文章も高レベルでした。

特別な教材は用いませんでした。その代わり、国語教科書をフル活用し、全員が国語教科書をぼろぼろになるまで使い込んでいました。

暗唱している物語や説明文の文章のリズムが体に染み込んでいるようでした。物語の冒頭を誰かが口ずさむと、皆がそれに続いて物語をリズムよく暗唱していくような姿が見られました。

このように、子ども達の音読熱を高めていくことは、国語教科書のみを用いていても、十分可能なのです。

重要なのは、指導を工夫し、子どものやる気を高めていくことです。

大がかりな指導の工夫では教師側の負担が大きく、続きません。ですから本書では、継続可能な、ちょっとの工夫で子どもが音読へのやる気を高めていく指導法を紹介しています。

国語の教科書は1年間通じて使い倒す意気込みでいきましょう。

イメージとしては、教師が「読め読め」と強制してそれを実現するのではなく、音読指導によって子どもがやる気を高め、自主的に何度も何度も読む中で、やがて教科書に載っている文章や教科書自体に愛着をもっていくイメージです。私のクラスでは、次のような様子が見られます。

- ・子ども達の国語の教科書が他のクラスと比べて、明らかにボロボロになっている。
- ・既に使い終わった上巻もなぜか毎日持ってきている子が多い。
- ・国語の授業時に、必要とあらば既に使い終わった教科書も開いて参照している。
- ・休み時間にも暗唱した文章を口ずさんでいる。

子ども達が、どれだけ国語教科書に愛着を持っているかお分かりいただけると思います。

ちなみに、「国語の授業時に、必要とあらば既に使い終わった教科書も開いて参照している」というのは、今学習している説明文や文学を以前のものと比較しているということです。

例えば、「今回勉強している説明文には、まとめがあったけれど、前勉強した説明文はどうだったかな」という具合に、子どもが自分から既に使い終わった教科書を開いて比較しているのです。

さて、国語の教科書を使い倒すという方向での指導と、**それだけでなく音読させる教材の幅を広げていくという方向での指導も重要**です。

様々な文の種類に触れ、声に出して読みリズムを体に刻むことができます。

また、どうしても国語の教科書だけを音読させているとマンネリ化してきますので、それを防ぐ意味でも音読させていくことは重要です。

次のような文章を積極的に読ませていくとよいでしょう。

・国語教科書：「読むこと」教材以外の教材。「書くこと」や「話すこと・聞くこと」などの教材。
・算数教科書：文章問題などを何度も読ませ、状況を思い浮かべさせることは算数の指導をしていく上でも重要です。
・社会・理科教科書：これらの教科でも教科書をしっかりと読めることは基本になります。毎時間音読を取り入れてもよいでしょう。
・道徳教科書：たくさんの文章が載っています。味わい深い文章も少なくありません。
・音楽教科書：定型詩、童謡などたくさん載せられています。暗唱させてもよいでしょう。
・様々な古典：漢文や日本の古典（平家物語など）など、紹介すると子どもは喜んで読みます。

最後に紹介したものだけ「別教材」という形になりますが、基本的には、子ども達が既に持っていて、普段使っている教材を音読させていく、という方針の方が無理なく続けることができます。

別教材を用意したい場合におススメなのは、齋藤孝先生の「声に出して読みたい」シリーズです。

▼「句読点読み」から「意味句読み」へと発展させる

「意味句読み」とは、句読点に限らず意味のまとまりで文を区切って音読する方法です。

「意味句」という言葉が初めて使われたのは管見の限り杉澤（２０００）です。そこでは、意味句を「はっきりとした意味の塊」と表現されています。この意味句で区切って読むのが「意味句読み」です。

それでは、実際にはどのように区切っていったらよいでしょうか。次の文を例に考えてみましょう。

次に大切なのは、メディアが伝えたことについて冷静に見直すだけでなく、伝えていないことについても想像力を働かせることである。

（『想像力のスイッチを入れよう』下村健一　より）

これは平成27年度版の光村国語教科書５年生に載っていた説明文教材です。５年生の教材ですから、一文もだいぶ長くなっています。

この文章を句読点読みすると、文字通り句読点のみで区切って読むことになります。

「次に大切なのは、／メディアが伝えたことについて冷静に見直すだけでなく、／伝えていないことについても想像力を働かせることである。」（／は区切り）

これはこれで、「句読点までひと息で読まなければ」という意識のもと、いい加減に区切らずに長い息でスラスラと読む力がつきます。

一方、「意味句読み」をするとなると、聞き手が意味を取りやすいように、意味のまとまりで区切って読むことになります。

これには、読解力が必要とされます。そして、それは一文を読めれば正しく区切ることができるという簡単なものでもありません。時には、文章全体の構造を受けて区切る必要があります。

実はこの「次に大切なのは、メディアが伝えたことについて冷静に見直すだけでなく、伝えていないことについても想像力を働かせることである」という文は、教科書前ページに書かれた「ここで、まず大切なのは、メディアが伝えた情報について、冷静に見直すことである」という一つ目の事例を述べた文を受けての二つ目の事例を示した文なのです。

このように考えると、この文で伝えたいことは「メディアが伝えたことについて冷静に見直すことが大切だ」ということと「(それとあわせて)伝えていないことについても想像力を働かせることも大切だ」という二つのことだということです。

つまり、**この文は単独で存在しているのではなく、前の文から繋がっているのです。**

ですから、その繋がりを読み手に意識させるために意味のまとまりで区切って読むとすれば、句読点で機械的に区切るのではなく、

「次に大切なのは、メディアが伝えたことについて冷静に見直すだけでなく、／伝えていないことについても想像力を働かせることである」

または、

「次に大切なのは、メディアが伝えたことについて冷静に見直すだけでなく、／伝えていないことについても／想像力を働かせることである」

などと読むと、一つ目の事例である「メディアが伝えたことについて冷静に見直す」と二つ目の事例である「伝えていないことについても想像力を働かせる」が並列関係であることを表現でき、聞き手に伝えることができます。

実際に子ども達に区切る箇所を考えさせると、非常に深く考えます。私の経験では、後者の読み方をしようとする子がやや多くいました。先生方はどのように区切って読みたいでしょうか。

「意味句読み」には、「句読点読み」と違い**たった一つの正解はない**と私は考えています。むしろ、一つの正解を定めない方が子どもは創造的に区切りを考えます。一口に「意味のまとまりで区切る」と言っても、「意味」の捉え方次第でもありますし、聞き手が分かりやすいように場合によっては先に挙げた後者の例のように、句読点が無い箇所であえて区切って並列関係を表現することもできます。

このように見ていくと、「意味句読み」とは、単にその文をじっくり見て区切ればよいのではなく、他の文との繋がりを考えながら区切っていかなくてはいけない、非常に高度な読み方だと言えます。これを子ども達が理解し、深く考えるようになると、音読だけで読解を進めることすら可能です。

先の例で言えば、「メディアが伝えていないことについても想像力を働かせることは大切なことの二つ目だ」ということを前ページの文と繋げて考え表現するということは、立派な「段落相互の関係を考える」という学習活動であり、それは説明的文章指導における重要な指導事項の一つでもあります。

一見、単調だと捉えられがちな音読指導を通して、ここまで深いことを子ども達に考えさせることができるのは非常に魅力的なことです。また、「朗読」に代表されるような個人の表現力に頼った読み方と違い、区切り方を変えるだけなので、**基本的に誰でも取り組め、その交流も容易**です。

ただし、私が一つ主張しておきたいことは、**これを最初から子どもに求めることは、子ども達の読み上げる力を伸ばすことにはあまり繋がらず、高度すぎることを求めることになるので、初めは「句読点読み」から入るべき**、ということです。

繰り返し述べてきましたが、実質的には「意味句読み」は読解に他なりません。いきなりこれから入ってしまっては、本当に手を打つべき、教科書本文を「スラスラ、正しく、ハキハキ」と「読み上げる」ことすらできない子達に手を打つことができません。「意味句読み」は、まずもって全員に保障すべき力としては、ハードルが高すぎ、難しすぎるのです。ですから、まずは「句読点読み」です。

「意味句読み」は非常に魅力的な読み方であり、それを指導することは高度で知的な指導です。その難しさをしっかり把握しながら、子ども達の様子を見ながら徐々に取り入れていきましょう。

▼「意味句読み」の指導法

「意味句読み」指導は、**全員が三原則の音読をしっかりできるようになってから、全員の「読み上げる力」が育ってきてから取り入れる**ようにしましょう。

具体的には、子ども達が次のような状態になっていることです。

・全員に「句読点読み」が定着しており、いい加減に区切らずひと息で長く読む習慣がついている。
・国語教科書に載っている物語、説明文をスラスラ読み上げることができる。
・国語教科書に載っている「読み物教材（読解するわけではないが、読むための教材として載っている教材。多くが説明的文章で、当該学年の説明的文章よりもやや長く、難しい）」もスラスラ読み上げることができる。
※どちらの場合も低学年であれば1分間に250～300字程度、中学年で300～400字程度、高学年で400～500字程度をしっかりした声で読めていることが条件です。
・算数や社会科の教科書の文を初見でつっかえずに音読できている。
・教師が何も言わずとも、全員がしっかりとした声で音読に取り組んでいる。
・教師が「この文音読できる人？」などと尋ねたとき、ほとんど全員が立候補する。

これらの条件を満たすようになっていれば、「意味句読み」を導入しても、まず間違いないなく成功します。挙げた条件の中には、「読み上げる力」の要素以外の「やる気」のような面も含めました。「ほとんどの子が立候補する」というようなものがそれに当たります。これは厳密には「意味句読み」指導には必要のないことかもしれません。しかし、このような音読への「やる気」が子ども達の中で高まっていることは、「意味句読み」指導の成果だけでなく音読指導の成果全体をも大きく左右するので含めました。

さて、これらの条件が満たされる頃、年度の中盤から後半にかけてでしょうか、積極的に「意味句読み」を取り入れていきましょう。例えば、次のように指導します。

指導例

教師「今まで、皆さんはどこで区切って音読してきましたか」
子「点や丸です」
教師「そうでしたね。何のためでしたっけ」
子「ひと息で長く、スラスラ読めるようにするためです」
教師「そうです。でも、皆さん、だいぶスラスラ読めるようになってきました。そこで、今日は一つレベルを上げた読み方を教えたいと思います。それは、意味のまとまりで区切って読んで、聞いている人が意味を分かりやすいように読む読み方です。例えば、次の文をどう読んだら聞いている人は分かりやすいでしょうか（今学習している説明的文章や文学的文章の一文を挙げるとよいでしょう）。

先生が2通り読んでみますので、聞いてみてください」
（2通りの区切り方をして読む。一つが意味句で区切って読む。もう一つが意味句ではなくいい加減なところで区切って読む）

＊＊＊

教師「さぁ、どうでしたか。まず先生は、どのように区切って読んだでしょうか」
（黒板に読んだ文を書き、区切ったところで／を入れ、可視化する。何度か読んで聞かせ、区切りの違いを感じさせるとよい）
教師「AとB、どちらの読み方が意味のまとまりが分かりやすいでしょうか」
（区切りを確認した後、どちらの区切り方が意味のまとまりで区切れているかを考えさせる）
教師「そうですね。Aの方が意味のまとまりが分かりやすいですね。それでは、次の文、みんなも考えてみましょう」
（例として挙げた次の文をみんなで考えてみるとよいでしょう）
教師「今日は意味句読みを教えました。これから、家や学校で読むとき、できる人は句読点読みだけでなく意味句読みにも挑戦してみましょう」

このように導入し、「句読点読み」から「意味句読み」へと徐々に切り替えていきます。**導入は説明的文章の方がおススメです**。意味のまとまりが分かりやすいからです。

子ども達に考えさせ、実際に何人かに読ませながら「どの読み方が一番意味のまとまりが分かりやすいだろう」と尋ねて全体で検討させていきます。すぐにはできるようにはならないと思いますが、友達の読み方を聞いていく中で、「なるほど、意味で区切るってこういうことか」と分かってきます。区切りを考えさせる際は、**「この文はいくつのことを伝えたいのかな」**と尋ね、考えさせるのが最も分かりやすいです。まずは「一文の中」で考えさせるのが分かりやすいです。

例えば、先に挙げた次の文であれば、

「次に大切なのは、メディアが伝えたことについて冷静に見直すだけでなく、伝えていないことについても想像力を働かせることである」

この文で伝えたいことは二つだとすぐ分かります。

すなわち、「メディアが伝えたことについて冷静に見直すことは大切」ということと「(それだけでなく)伝えていないことについても想像力を働かせることも大切」という二つです。

この二つが意味句だと分かれば、初めの読点は無視して、「冷静に見直すだけでなく」の後だけで区切る読み方に行きつきます。

やがて、先述のように他の文との「繋がり」に着目して区切る子も出てきます。

この場合で言えば、この文は、先述のように教科書前ページに書かれた「ここで、まず大切なのは、メディアが伝えた情報について、冷静に見直すことである」という文に繋がっていることです。

それを聞き手にアピールするために、「伝えていないことについても」の後であえて区切る読み方も子ども達から出てきます。つまり、**前の文との繋がりを表現しようとする**のです。

その考え方の価値や意義をクラス全体に広げれば、「他の文との繋がり」でも考えられるようになっていきます。

このように考えていくと、意味句読みは、読点に左右されずに、自分が読み取った文章内容を創造的に表現できる読みだと言えます。

それと同時に、句読点に左右されないということは、場合によっては読点を無視して区切らないでひと息で読むことも多くなるので、「句読点読み」よりもさらにひと息で長く読まなくてはいけなくなります。ということは、「句読点読み」よりもさらに「スラスラ」が求められる読み方であるとも言え、より子ども達の音読のレベルが上がっていくのは想像に難くありません。

さて、説明的文章における意味句読みに慣れてきたら文学的文章でも導入します。意味句の区切り方は、説明的文章の場合と同様です。例えば、次の文を見てみましょう。

大造じいさんは、このぬま地をかり場にしていたが、いつごろからか、この残雪が来るようになってから、一羽のガンも手に入れることができなくなったので、いまいましく思っていました。

この文で伝えたいことは、「大造じいさんはこのぬま地をかり場にしていたこと」「残雪が来るようになってから一羽のガンも手に入れることができなくなったこと」「大造じいさんは残雪をいまいましく思っていたこと」の三つでしょう。

これが分かれば、あとはそのまとまりごとに区切って読めばいいのです。

次のようになるでしょう。

大造じいさんは、このぬま地をかり場にしていたが、／いつごろからか、この残雪が来るようになってから、一羽のガンも手に入れることができなくなったので、／いまいましく思っていました。

また、この文は、前の文と大きく繋がっています。前の文はこうです。

残雪は、このぬま地に集まるガンの頭領らしい、なかなかりこうなやつで、仲間がえをあさっている間も、油断なく気を配っていて、りょうじゅうのとどく所まで、決して人間を寄せつけませんでした。

この文を受けての「この残雪が」なのです。

ですから、このような繋がりに気づいた子は、次のように読みたがる場合もあります。

大造じいさんは、このぬま地をかり場にしていたが、／いつごろからか、／この残雪が来るようになってから、／一羽のガンも手に入れることができなくなったので、いまいましく思っていました。

つまり、「この残雪が来るようになってから」ということを強調しているのです。このように、説明的文章の意味句読みの際と同様、文学的文章の音読の際も、「一文の中」でだけ考えるのではなく、「他の文との繋がり」で考えていくことができます。

そして、これらの区切り方を見てお分かりのように、読点がいくつか無視されています。

そのため、「句読点読み」よりもさらにひと息で長く読む必要が出てきます。

この「**ひと息で長くスラスラ読む**」**必然性が自然と、なおかつ子ども達自身が発見的に発生することが重要**です。子ども達は教師が「一生懸命音読練習するように」と言わなくても、自分で見つけた意味句の区切りごとにスラスラ読もうと頑張るのです。

「自分で見つけた」からこそ、それを実現できるように、子ども達は頑張ります。

説明的文章でも文学的文章でも、「意味句読み」を導入する際に**気をつけたいことは、「一つの文を教師が提示し、それを皆で丁寧に検討することから始めること」**です。

皆で「この文はいくつのことを伝えたいのか」「他の文との繋がりはどのような関係になっているか」ということを丁寧に検討していくことで、意味句読みについて子ども達がつかむことができてきます。

一文をじっくり、地道に検討していくことで、意味句読みの奥深さが子ども達に伝わっていきます。今まで何の意図もなく区切って読んだり、機械的に句読点読みで区切って読んだりしていた子ども達にとって、これは大きな経験です。

子ども達の音読観が大きく広がります。

このように、説明的文章でも文学的文章でも「意味句読み」ができるようになっていくと、音読指導の幅が大きく広がります。どのように意味句読みをしていくか、を丁寧に考えさせていくだけで、そのまま読解の授業にしていくことも可能です。

結局、説明文の読解も文学的文章の読解も、端的に言えば、文章を構成する最小単位である「一文」にどのようなことが書かれているかを読み取り、そしてそれらがどのように「繋がっている」かを考えていくことだからです。

▼黙読移行の指導―「ハキハキ音読」から「超高速読み」「微音読」、そして「黙読」へと発展させる―

音読三原則では、「ハキハキ」としっかり声を出して音読するのが基本でした。しかし、読むという行為は、声に出して読む音読だけではありません。大人も含め、読む力が発達してくると、音読ではなく黙読をするようになってきます。高橋（1991）によれば、小学4年生頃からは黙読の方が読むスピードが上回ると言われています。それを受けて、髙橋（2013）では、音読の上達が黙読できるようになることに寄与していることを示唆しています。

これらの論考を踏まえると、**音読指導を「音読の上達」だけを目的としていくのは縮こまった指導と言わざるを得ない**ように思います。

そもそも、音読よりも黙読は同じ時間で読める分量が断然に違いますし、大人はおろか高学年になって黙読ができないというのは大きなハンデになってしまいます。

理論編で見てきた音読力が低い子は読解力、学力全体も低い、というデータは、音読の上達が遅れ、それに伴い黙読の上達も遅れてしまい、結果的に読解力全体、学力全体も低くならざるを得ない、という因果関係が推察され、髙橋（2013）の音読の上達が黙読獲得に繋がるという示唆を裏付けているように思えます。

このように考えていくと、音読指導は、黙読へと繋げていく方向での発展も必要ではないでしょうか。音読カードを渡すなどして、音読を指導している（と思っている）教師は多いでしょうが、「自分は子ども達が黙読をできるようになるための指導をしている」と胸を張って言える教師は少ないのではないでしょうか。

特に小学校4年生頃までの学年を担任した際は、全員に「スラスラ読み上げる力」を保障し、その上で必要に応じて黙読移行の指導も積極的に取り入れていってよいと思います。そうすることで、高学年になってもろくに黙読ができない、という子を生み出さないことに繋がります。

さて、ここで問題になってくるのがその方法です。

私は、**三原則の音読から、声の大きさを落としていき、それと同時に読むスピードを上げていくことでそれが実現できる**と考えています。

具体的には、三原則の音読から「超高速読み」→「微音読」→「黙読」と進めていくことです。それぞれ読み方の詳細については次章をご覧ください。ここではそれぞれの概要を紹介します。

「超高速読み」とは、文字通り、高速で読んでいくことです。この際、「句読点で間を空けなくてよいこと（区切らなくてよい）」、「普段ほどは無理だとしてもなるべくハキハキ読むこと」を注意点として子ども達に伝えます。このように伝えても声の大きさは普段よりは落ち、その代わり読むスピードが格段に上がります。それが微音読や黙読に繋がっていきます。

「微音読」とは、声を出さずに心の中で読み、唇だけを動かして音読することです。黙読の一歩手前、「心の中で読み、自分だけが聞こえる声で読む」ように子ども達に伝えます。「超高速読み」よりもさらに素早く読ませます。

このように「超高速読み」→「微音読」を経て「黙読」へと至るという過程が、私なりの黙読移行の指導です。

指導する際重要なのは、「目ずらし」を意識的に行わせていくことです。「超高速読み」までくると、低学年であっても15秒間で150文字ほど、1分間にすると600文字ほど読む子も出てきます。中学年、高学年であればそれ以上です。すると、これまでの三原則の音読よりもさらにどんどん目を先に先にずらしていかなくてはならなくなります。放っておいてもできる子もいますが、これを意識的に行わせることで上達し、多くの情報を素早く見ることができるようになっていきます。それが黙読へとつながっていくのです。

また、「超高速読み」では、「とにかく素早く読み上げること」を第一義として取り組んでよいので文意を取るところまではいかなくてもよいのですが、「微音読」からは「素早く読み上げる（唇を動かす）」と同時に「意味が取れているか」についても確認していくようにすることが重要です。方法は簡単で、読み終えた後、「どんなことが書かれていた？」と聞き、文章内容を再生させていくようにするだけです。

これらの黙読移行への指導は、必ず取り組まなくてはいけない、というわけではありません。子どもの様子を見て、なかなか黙読ができていない様子であれば取り入れていくべきですし、そうでなければする必要はありません。

また、**黙読移行の指導を導入したからといって、授業で音読をしてはいけないというわけではあり**

ません。今まで通り、しっかり声に出して読むことは続けつつ、黙読も並行して行っていけばいいのです。

そして、**必ず全体指導として行わなくてはいけないわけでもありません**。中学年くらいになってくれば、黙読ができない子はクラスの中で多くはないでしょうし、全体指導する時間と余裕がなければ個別で指導しても構わないと思います。ただし、ほとんどの子が黙読ができていそう、という状況でこうした黙読移行の指導をしても決して無駄、というわけではありません。既に自然とできている子であっても、「超高速読み」、「微音読」というステップを踏む中で、どんどん高速で読み上げることができるようになっていき、「目ずらし」についても素早く読む中で意識的に行うことで上達し、黙読の上達にも繋がっていきます。

このように、既に黙読ができる子にとってもメリットはあるので、中学年くらいまでで、全員が三原則の音読をしっかりできるようになっていれば、黙読移行の指導へと発展させていくことも検討してよいでしょう。

▼「暗唱」で発展させる—音読活動の「上限」を取っ払う—

これまで、三原則の音読の徹底から、「意味句読み」と「黙読移行」という二つの発展の仕方を紹介してきました。

これとは別に、他にもっと手軽に音読を発展させ、子ども達の意欲を高めていく方法があります。

それは、「暗唱」です。

三原則の音読練習を積み重ねている、国語教科書の説明文や物語を最初から最後まで本文を見ずに諳んじさせるのです。

このように書くと、「そんなことできるわけない」と思われる方も多いでしょうが、子どもにとってこれは十分達成可能なハードルなのです。

子どもの吸収力というのは本当にものすごいので、三原則の音読をしっかり指導し、子ども達がやる気をもって練習をしていると、文章が比較的短い低学年～中学年であれば、自然と文章全てを覚えてしまうことも実は少なくありません。

低学年～中学年では、一つの説明文や物語にかける時間も比較的長めに設定されています。

そうすると、宿題として家で練習する機会も自然と増えます。

文章の短さとあいまって、「暗唱」するのは子ども達にとって、難しくないのです。ですから、「低学年～中学年の子どもが自然と文章を覚えてしまう」というのは、音読指導が上手くいっているかどうかの一つのバロメーターとも言えるかもしれません。

ただし、これは「音読に対してやる気の高まっている子ども達にとって」難しくないというだけで、そうでない子達に投げかけたところで「そんなの無理!」と言って取り組まないでしょう。まずは三原則の音読をしっかり指導し、個別評価をしつつ子どものやる気を高めていくことが先決です。

子ども達の音読へのやる気が高まってきたら、三原則の音読ができて満足させるのではなく、積極的に「暗唱」を取り入れていきましょう(その具体的な方法については、第3章をご参照ください)。低~中学年であれば、積極的に取り入れてよいと思いますし、場合によっては高学年でも取り組めます。

「暗唱」という活動は、元々音読が得意な子達が、さらにやる気を高めて、嬉々として取り組む場の設定に繋がります。彼らにとっては、「暗唱」が三原則の音読の「次なる目標」として機能するのです。目標を高く設定することで、三原則の音読ができて満足せず、どんどん自分から練習を積み重ねるようになります。

「暗唱」は、基本的には「やりたい人がやる」という希望者制です。全員に保障すべき力ではないからです。また、音読が苦手な子にも強制的に取り組ませてしまうと、やる気を失います。高すぎるハードルは子どもの意欲を削いでしまいます。

それでも、クラス全体の音読に対する熱が高まってくると、ほとんどの子が取り組むようになります。

▼年度初めの指導のポイント―三原則の「指導」―

ここからは、年度初め、年度中盤、年度終わりと1年間を三つに分けて、それぞれの時期での音読指導で気をつけるべきポイントを挙げていきたいと思います。

まず、年度初めです。

年度初めは年間の音読指導の中で最も重要です。なぜなら、この時期は、子ども達の音読に対するやる気を高める時期だからです。

この時期にすべきことは、音読三原則の「指導」と子ども達のやる気を高めることです。

ここでは、音読三原則をキチッと指導します。前年度までの音読へのいい加減な態度をガラッと変えるため、一から指導します。

そのためには、先述のように、「ハキハキ、正しく、スラスラ」という文言を教えるだけでなく、子ども達の読む声で「具体化」していくことが重要です。

クラス全体でそれを「共有」していくことで、子ども達の中に音読三原則がそれぞれ具体的に根づいていきます。そうすると、今までは「ただ声に出して読めばいいもの」だった音読が、「それなりに力を出して真剣に読まなくては通用しないもの」に変わります。

これが重要です。子どもは楽すぎるとやる気を出しません。

歯応えがある方がやる気を出します。音読三原則を具体的に指導することで、クラスの中で正しい音読の基準ができ上がり、子ども達はそれに向けて一生懸命練習するようになるのです。つまり、音読三原則の指導をキチッとすることは、いい加減な音読を許さず教師がしっかり音読指導をすることを示すと同時に、子どもの音読へのやる気を引き出すことにもなるのです。

年度初めの指導には、ある程度の厳しさをもって当たることがポイントです。ここで緩くしておいて、後から厳しく指導するのは無理な話です。逆に、この時期であれば一見厳しい指導も入りやすいです。

一般には、子ども達は昨年度まで音読指導をほとんど受けてきていないか、「ただ声に出して読めばいい」というような緩い指導しか受けてきていません。そこへ割と厳しめの指導が入るとどうなるか。子どもは音読に対してやる気をもつようになるのです。音読をナメなくなるのです。

年度初めは、国語の時間に音読指導の時間をしっかり取るようにしましょう。おススメは教科書に載っている一番初めの説明文です。先述のように、スラスラ読み上げる力を重視した音読指導においては、説明文の方がより指導がしやすいからです。その上で、一人ひとりの音読を聞く時間をしっかり確保しましょう。集団で読ませているうちは一人ひとりの音読力を適切に評価することはできません。一人ひとりを適切に評価できなければ、子どもへの指導もぼんやりとしたものになり、結果的に子どものやる気を引き出すことはできません。

このように年度初めは、音読三原則の「指導」と子どもの意欲を高めることを中心にしていきます。

▼年度中盤の指導のポイント―三原則の「確認と定着」―

次に、年度中盤での指導のポイントについて紹介していきます。

年度中盤で教師が意識すべきなのは、音読三原則の「確認」と子ども達のやる気を持続させることです。

年度の初めには、徹底して音読三原則を子ども達と一緒に具体化し、共有していくことが重要でした。年度中盤には、そうして指導し、具体化し、共有した音読三原則を再びクラス全体で「確認」し「定着」させていくことが重要です。

というのも、いくら入念に「指導」したからといっても、授業では音読だけを指導しているわけではないですし、子どもは「忘れる」生き物だからです。年度初めに指導したからといって、それでずっと1年間子ども達が忘れずに、音読に意欲的に取り組むと思ったら大間違いなのです。

それでは、どのようにして「確認」と「定着」を図っていけばよいでしょうか。

そのためには、まず音読の機会を絶やさないことです。年度の初めだけ音読指導に力を入れ、音読の機会を増やしていても、それが減ってきて学校ではほとんど音読をしない、ということになってしまえば、自然と子ども達も音読から力を抜いてしまいます。国語科の読むことの教材だけでは、音読の機会を保障するには少し物足りません。かといって、他教材を差し込む余裕も現場にはありません。

そこで、先述のように国語科の読むこと以外の領域や他教科の学習の際に、積極的に子ども達に音読させていくのです。ここでは、「初見の文」を音読することになるので、本当の音読力を試し、伸ばすことができるので、一石二鳥です。

子ども達にも「初見の文をスラスラしっかりした声で読めてこそ本当に音読力が高まってきたと言える」と伝え、個別に評価もし、音読へのやる気を持続できるようにしていきます。

次に、音読の機会を絶やさないことと共に大切なのは、「ただ読ませるだけ」ではなく、何度も何度も「音読三原則」を確認し、徹底して求めていくということです。

教師が「まあこれくらいでいいだろう」とハードルを下げた瞬間、子ども達の読む声はすぐに小さくボソボソと、いい加減なものになっていきます。教師が一度指導し共有したことを、しつこくしつこく求め続けていくことです。それが実を結ぶと、子ども達は音読する際「当たり前のように」しっかり声を出し、すらすら正しく読むようになります。ただ声に出して読むのではなく、集中して全力で読むのが当たり前になっていきます。ここまでもっていけば、「定着」と言えます。

この時期はいわゆる「中だるみ」の時期であり、「マンネリ」の時期です。

ここで教師が諦めてしまっては、せっかくの年度初めの指導も意味がなくなってしまいます。1年間の音読指導成功のカギを握る時期だと捉え、しぶとく指導し続けていきましょう。

▼年度後半の指導のポイント―三原則を「離れさせる」―

最後に、年度の後半の指導のポイントについて述べます。

ここでは、**子ども達にしっかり三原則が「定着」していることを条件に、ある意味三原則を「離れさせていく」指導をしていくこと**です。

「離れる」と言っても、全ての面で三原則を離れるわけではありません。

離れる面は大きく二つです。

一つ目は、区切りです。「意味句読み」を指導することで、「句読点までをひと息で読む」という「正しく」の原則を離れさせます。

意味句読みは、子ども達の読み上げる力が十分高まり、より読解にウェイトを置いていきたいときに取り入れていくことになります。また、低学年にはなかなか難しいかもしれませんので、中学年〜高学年向きの「離れ方」と言えるかもしれません。

二つ目は、声の大きさです。三原則では「ハキハキ」としっかりした声で読むのが基本でしたが、微音読や黙読を指導していくことでこの原則を離れることもあります。微音読や黙読を指導したからといっても、しっかり声に出して音読することの重要性は変わりません。育てたスラスラ読み上げる力をそれで完結させず、さらに素早く読める黙読へと意識的に繋げていく、ということです。黙読に繋げていく指導は、意味句読みと違い、段階を踏めば全学年で指導可能です。特に、低学年〜中学年の頃に黙読がしっかりできるようになっておくと、子ども達のその後の読書生活の幅がグッと広がります。

このように、三原則の「離れ方」は、文と文章を読み込み、読み取った意味を自分なりの区切りという形で表現していく意味句読みと、読む声の大きさを下げつつ読むスピードを上げていく黙読との二つの方向性があります。これらは、子どもの様子を見て、どちらかだけを指導していってもいいですし、場合によってはどちらも指導していってもよいでしょう。その他にも、間や抑揚などを使いこなして表現的に読ませることもできます。

大切なのは、三原則から「離れること」、そして上のレベルを設定することです。

なぜこれまで、あれほど徹底して指導してきた原則を離れさせる必要があるのでしょうか。読者の先生方も不思議に思われるかもしれません。理由は二つあります。

一つ目に、**三原則はあくまでも「原則」であり、「最高峰」ではないから**です。原則を守って指導していくことは、子ども達の「スラスラと読み上げる力」を全員に保障し、音読へのやる気を高めるためでした。その過程で三原則は非常に重要です。しかし、理論編でも見てきたように、音読指導の意義はスラスラと読み上げる力を高めるだけでなく、その基礎の上には表現力を高めたり、言語感覚を高めたりする意義もありました。いわば音読指導の基礎である「スラスラと読み上げる力」を高められたのであれば、次の段階へと移るべきなのです。

二つ目に、**上のレベルを設定することで子ども達の意欲はさらに高まるから**です。年度中盤は「マンネリ」の時期だと述べました。どんな指導、学習にもマンネリはあります。それを打破できるのです。

▼個別評価の仕方とポイント

音読指導で子ども達のやる気を引き出す上で最も重要なのは、個別評価です。

ここでいう個別評価とは、「一人ひとりの音読を聞き、それに対して適切に評価すること」です。これがあって初めて、子ども達はやる気を出し始めます。

私は次のように個別評価を行います。

○音読の個別評価（数文評価式「音読テスト」）

〈時期〉

文学的文章や説明的文章を数時間授業で扱った後。家でも何度か読んでいる頃。

〈手順〉

①これから音読のテストを行うこととその基準を伝える。基準は次の通り。

D：「ハキハキ、正しく、スラスラ」の三原則全てが不合格。

C：三原則のうち一つが合格。

B：三原則のうち二つが合格。

A：三原則全てが合格。

A○：三原則全てが合格で、一つの項目が素晴らしい。
A✿：三原則全てが合格で、二つの項目が素晴らしい。
S：三原則全てが素晴らしい。また、抑揚などに自分なりの工夫が見られる。

②一人ひとり、私が「はい、終わり」と言うまで読む（一文ではなかなか実力は見えないので二、三文読ませる）。順番を決めておいてもよいし、立候補制にしても面白い（立候補制にする場合は、全員が立候補するという確信があるときに限る。そうでないと、評価されない子が出てしまう）。

③一人ひとりの音読に対して、即時評価していく。

④全員一度は必ず評価する。時間が余れば、立候補制で再チャレンジを募る。

〈ポイント〉

・初めにきちんと評価基準を示すこと。

・評価はとにかく厳しくすること。具体的にいうと、単元序盤や中盤で評価する際は、クラスのほとんどがDかCである。2割ほどがB、1、2人がAという具合である。本当にしっかり声が出ていて、スラスラと流暢に、そして正しく読んでいなければ良い評価は与えないこと。これが逆に子どもの心に火をつける。

・DやCの子、つまり良い評価がつかなかった子には「どうしてだと思う?」と尋ねる。子どもは自分で把握していることが多いので、それを明確にし、自分一人での練習に繋げる。答えられなければこちらから「ゴニョゴニョしているのでハキハキと読もう」とか「つっかえていたね」などと伝えるようにする。

・評価は日付とともに本文の題名の横に書き込ませておく。

・必ず、一人に2～3文は読ませる。短い文であった場合は4、5文読ませてもよい。それくらい読ませないとその子の真の実力は見えず、適切に評価するのは難しい。

・初めはクラスの中での座席順など、順番を決めておく方が子どもも受けやすい。慣れてきて、音読へのやる気も高まってきたら、「読みたい人?」と立候補制にする。ここでほぼ全員が立候補することが大切。

・年度初めなど、音読に力を入れる単元であれば、このような個別評価の機会は少なくとも3回は取りたい。回を重ねることで、子どもは必ず練習を積んで評価が上がり、達成感を得られる。

・複数回やっても評価が変わらない子、つまり前回よりもあまり成長していない子も中にはいる。そのようなときにどうするか。評価は甘くしてはいけない。どう考えてもDやCなのにAなどと評価してしまっては「特別扱い」のレッテルを逆に貼ってしまうし、実は、その子自身もそれではやる気を出さない。評価は他の子と同じ基準で下しつつ、ひと言添える。例えば、「前回よりもつっかえなくなったね」とか「前より少し声が出てきたね」などと、その子の中の成長を見取って伝えるのである。これはなかなか難しいが、教師側の見る目も鍛えられるし、子どももやる気を出すので非常に有効である。

以上が、私が子どもの音読を個別評価する際の手順やポイントです。

これは1年生でも6年生でも行います。

私は、「音読テスト」と呼んでいます。あらかじめ、音読テストをする日を子ども達に伝えておきます。すると、6年生であっても真剣に音読練習に取り組み、音読テスト当日などは友達同士で音読練習する様子すら見られます。音読カードだけを渡して家での練習に任せっきりで学校では全く子ども達の音読を聞かない、というような教室では絶対に見られない子ども達の姿です。

この個別評価の仕方は、子ども達の音読の質とやる気をグッと向上させますが、1点欠点があります。それは少し時間がかかってしまうということです。一人に最低でも2～3文を読ませ、評価を伝え、場合によってはひと言添えるのでかなり時間がかかります。クラスの人数にもよりますが、30分はかかってしまいます。

そこで、もっと手軽に、1時間の授業の中で一つの活動として組み込んでいける個別評価の仕方もご紹介します。これは、群馬の深澤久先生が『教師のチカラ』（日本標準）40号に書かれた内容です（8～9ページ）。音読の個別評価、という観点でこれ以上ないくらい分かりやすく理想的な指導です。次に引用します。

○音読の個別評価（一文評価式）

①机の上に鉛筆を3本出させる。
②既習の教材文（物語文がいい）を1人ずつ〝〇読み〟させる。

③1人読むごとに即座に教師が「評定」する。その「評定」は、次の3通り。
ア「うまい、○本出す」→〝上手〟に音読できた子に対して。こう言われた子は、新たに机の上に鉛筆を出す。つまり、本数が増える。何本出させるかは、〝上手〟さの程度によって教師が決める。
イ「よし、次どうぞ」→〝普通〟に音読できた子に対して。本数は変化なし。
ウ「1本取る。次の人、同じ所」→正しく音読できない子に対して。こう言われた子は、机の上に出していた鉛筆を1本、筆箱に戻す。つまり、本数が減る。
④3巡ほどしたら打ち切り、机の上の本数と日付を教科書のそのページの下に「4本　1／9」のように書かせる。
⑤教師が本数を挙手させて、確認していく。

この「個別評価」であれば、繰り返し毎日、国語の授業内で行うことができます。

なお、同論文には、「うまい音読の広げ方」や先ほど述べたような「子どもがあまり上達していない場合の対応の仕方」についても述べられており、非常に参考になります。是非同論文の全文を読むことをおススメします。

いずれの方法にせよ、**最も重要なのは、教師が一人ひとりの音読のレベルを正確に把握し、適切に評価をし、子どもに返していくこと**です。

子どもが最もやる気をなくすときというのは「何も評価（フィードバック）がないとき」です。

自分が頑張った、あるいは頑張っていなくても、それに対して何も教師から評価がなければ、「よし、次も頑張ろう！」となるわけがありません。これは大人も同じですよね。自分が日頃頑張っていることが他者から何も評価されなければ、どうしてもサボってしまうものです。

このような、「何も評価されない」状況なのが今の通常の音読指導です。音読カードを渡して家で練習させるだけで、ほとんど学校では一人ひとりの音読が聞かれ評価されることはないからです。

ですから、「音読の個別評価」を取り入れるだけで、このような状況からは1歩抜け出すことができます。

しかし、2番目に子どもがやる気をなくすときというのは、「適切な評価をされないとき」でもあります。適切な評価をされないというのは、自分が頑張って取り組んで結果も出ているのに、それが見落とされたり、反対に特に頑張ってもいなくむしろ力を抜いているのに高く評価されたりすることです。

前者の場合は、「せっかく頑張ったのに」という気持ちになり、音読が嫌いになります。しかし、前者を見落とす教師はなかなかいないはずです。むしろ、やってしまいがちなのは後者の方です。後者の方は「なんだ、自分はそんなに頑張らなくてもできるんだ」と音読に手を抜くようになります。

子どもだけに限らず大人も含めて、人は、自分が頑張ったことを他者から認めてもらいたいものです。一方、自分が頑張ったのに気づかれなかったり、特に頑張っていないことを褒められたりすると、やる気を失ってしまうのです。

一人ひとりの音読、どれくらい練習しているか、そのときの表情、姿勢などから子どもに適切に評価を返していく、これは難しいことですが、教師の力量も鍛えられ、音読指導の中で最も重要です。

▼音読の宿題はどうすべきか
―個別評価することが何よりの「宿題チェック」である―

音読の宿題についても考えておきましょう。

現在、日本の小学校では多くのクラスで音読の宿題が出されています。そこで使用されているのが本書でも再三取り上げている「音読カード」です。

本書では音読カードに頼り切る指導を何度も批判してきましたが、音読カード自体には罪はありません。自分が音読の練習をした記録を可視化していくことは、子どものやる気を持続していく上で有効でしょう。また、音読カードがあることで家で音読練習する機会を保障できている面もあるでしょう。

ですから、音読カードは使用するな、とは決して思いません。別に音読カードを使用することをやめたからといって、音読指導がよくなることはないと思います。ただし、自分が音読した記録を残す、という機能を果たすには、音読カードでなければいけないということはなく、昔から引き継がれている「○を題名の横に10個書いて、一度音読したら塗る」というような方法でも構わないと思います（また、音読カードを学年で使用していこう、ということになっているのであれば、他クラスに合わせて使用して全く構わないと思います。私自身、そうしています。音読カードを使うか使わないかというような些細な問題で、学校で「浮いてしまう」のはもったいないことです）。

問題視し、排すべきなのは「音読カードに頼り切る指導」です。音読カードを渡して家庭任せにし

てしまうことです。その上、学校では具体的にどのように読むのか指導せず、練習の成果を一人ひとりが発揮する場も用意しないような指導です。いや、これでは到底「指導」などとは言えません。このような状況で、子どもが家で「よし、音読練習頑張ろう！」と思うわけがないのです。恐らくほとんどの子が、家では「ただ読めばいい」というくらいでいい加減に読んでいるでしょうし、読まずに音読カードに自分でサインしている子もいるかもしれません。

　ですから、教師がすべきことは、音読の宿題をどう出すか、を考えることではありません。自身の音読指導を見つめ直し、子どもが「よし、音読練習頑張るぞ！」とか「なるほど、こうやって読めばいいのか！自分でも練習しよう」と思えるように指導を変えていくことです。

　子どもが意欲をもって、いい加減でなく家でも練習するようになりさえすれば、音読カードを使う方法でも、「○」を書かせる方法でもいいというのが私の考えです。極端な話、宿題として音読は出しますが、そのチェックはする必要がないのでは、と思っています。**音読カードの提出状況をチェックするよりも、一人ひとりの音読を聞き個別評価することが、何よりも音読練習にきちんと取り組んでいるかのチェックになる**と思います。回を重ねるごとに上手になる子はしっかり練習に取り組んでいるはずで、全く上手にならない子はほとんどの場合、サボっているのです。それらを適切に個別評価し、見過ごさずに指導していくことが何よりの「宿題チェック」になります。

　そもそも、「音読カードに保護者からサインをもらって提出させる」のは、音読力を高めるための手段であったはずです。本来の目的を見失わない指導をしていきたいものです。

▼発達段階に応じた指導のポイント

ここまで述べてきたことをしっかり指導していけば、通常行われている音読指導より数段上の音読指導ができるはずです。

基本的には音読指導は1年生から6年生まで行います。ここまで述べてきたことは、基本的にはどの学年でも通用することです。ただし、それぞれの発達段階に応じて意識すべきポイントというのも存在します。ここでは、低学年、中学年、高学年で教師が意識すべきポイントについてまとめておきたいと思います。

①低学年

低学年での音読指導は、中学年・高学年でも大切ですが、より大切です。国語科の「読むこと」の指導において「何よりも音読を重視する」くらいの意気込みで臨むことです。低学年のうちにしっかり音読できるようにすることは、担任の責務です。

指導の際は、三原則を何度も確認しながら指導し、子ども達に染み込ませていきましょう。三原則のうち「ハキハキ」はそこまで苦労しません。低学年の子ども達は、声を出すのが好きだからです。低学年に特に指導していきたいのは、「スラスラ」と高低の「正しさ」です。低学年の子ども達は、放っておくと必ずゆっくり、ゆっくり読みます。そして、語尾を上げて読みがちです。ですから、持ち前の「ハキハキ」は保ちつつ、なるべく素早く読むこと、そして文頭は高く、文末は低く読むように指導しましょう。この頃の子ども達は基本的に音読が大好きですから、非常に早く吸収し、すぐに見違えるような音読ができるようになります。そうするとますます音読が大好きになっていきます。何度も音読練習をして、物語や説明文を丸ごと暗唱する子も少なくありません。私のクラスの子ども達の音読を他の先生に聞いていただくと、みな一様に「すごく読むのが速いですね」と仰います。低学年には無理、と決めつけるのではなく、しっかり育てていけば、高学年並みの素早さで音読するようになります。

全員が三原則を守った音読ができるようになったら、「超高速読み」や「微音読」、そして「黙読」へと発展指導していくのもよいでしょう。この時期に黙読に慣れていくと、その後が非常に楽になります。この時期の子どもを図書室に連れていくと、黙読ができずに音読してしまう子がいます。そのような子が見られたときには、積極的に黙読移行の指導も行っていくとよいでしょう。ただし、低学年であれば、無理して三原則の音読を離れさせる必要はありません。まずは何よりも「全員が三原則の音読をできるように」ということを念頭に置いて指導していきましょう。

また、この時期の子どもは、声に出して読むことが基本的に好きですから、「暗唱」も積極的に取り入れていくと、音読が得意な子達が嬉々として取り組みます。子ども達は、その気になれば、一つの説明文や物語の暗唱など余裕でできるようになってしまいます。音読が得意な子達が嬉々として取り組むということは、クラス全体の音読に対する熱にも関わってきますから、どんどん取り組ませていきましょう。クラス全体を巻きこんで指導していけば、先述のようにクラス全員が教科書丸ごと1

冊暗唱達成、ということすら可能なのがこの時期の子ども達です。

②中学年

この時期の子ども達は非常にエネルギーがあり、音読でそのエネルギーをうまく発散させてあげると、クラスが前向きにうまく回り出しますので、音読でクラスをつくることもできます。

指導の際は、低学年同様、三原則をしっかり指導しましょう。３年生であればまだまだ「ハキハキ」と読もうとするでしょうが、４年生ではそろそろ小さな声で手を抜いて音読する子も出てきます。そういう手抜きを見逃さずに指導していくことが重要です。「スラスラ」も指導すればするほど、磨きがかかっていきます。しっかり指導すれば１分間に400字程度は読めるようになります。「正しく」では、区切りに気をつけさせましょう。何も指導しなければいい加減なところで区切って読んでしまうはずです。初めは「句読点読み」を徹底します。中学年になると、低学年の頃読んでいた説明文や物語と比べ、文章全体も一文の長さも長くなります。そんな中、しっかり「句読点までひと息で読む」ということを徹底させていくだけで、ひと息で読む長さが長くなり、「目ずらし」が行われ、読むスピードも上がっていきます。「目ずらし」を何度も指導し、子どもに意識的に行わせていくのがポイントです。

全員が三原則を守った音読ができるようになってきたら、子どもの様子を見て、「黙読移行の指導」をするか、「意味句読み」を取り入れて音読を創造的にしていくかを考えていきましょう。個人的な経験では、３年生は黙読移行の指導がより適していて、４年生は意味句読みで読解と絡めながら、考えながら音読させる指導が適していると考えています。また、どちらを指導するかは、必ずしも全員同じでなければいけないということはなく、個人の状態に合わせて個別指導として取り入れていくのももちろん有効です。例えば、4年生になったけれどなかなか黙読ができていない様子であれば、黙読移行指導を個人的にしていくなどです。

暗唱に関しては、段々文章が長くなってくる頃ですが、子ども達がやる気になればできてしまいます。クラス全員とまではいかないかもしれませんが、音読が得意な子達が個別で取り組める目標として設定してあげることで、自分の力に合わせて意欲的に取り組める場をつくることができるので有効です。

このように、三原則の音読を全員に保障しつつ、子どもに合わせて、発展指導を取り入れ、さらに子ども達を音読で鍛えていきましょう。

③高学年

高学年への音読指導は、手抜きとの戦いです。思春期にも入り、なかなか人前で声を出したがらない子がいたり、「自分は音読なんて練習しなくてもできる」と思い、音読をナメてかかる子がいたりするからです。しかし、この時期の子ども達の「周りの目を気にする」とか「はみ出て目立つのを嫌がる」という習性（?）を逆手にとって、子ども達が自然としっかり声を出して音読する雰囲気をつくっていけば、高学年であってもきちんと音読に取り組みます。ひと工夫した指導が必要です。

高学年であっても、年度初めは三原則の指導から始めます。むしろ、音読をナメるようになってくる高学年だからこそ、きちんと三原則から指導することは必須だと言えるかもしれません。以前、5年生を担任していたとき、他クラスの担任が休みました。そこで私のクラスが専科授業の時間、私が補教でそのクラスにいき、国語の授業をしました。本当は読解を進める予定だったのですが、音読させてみると、ほとんどの子がまるで三原則が守られていない音読をしていました。私は本書に「指導例」として挙げたような三原則の音読を5年生に一から指導しました。さすが5年生、その1時間で大きく変化しました。後日、そのお休みをされていた先生から、「土居さん、クラスの子達が土居先生の音読の授業とても楽しかったって言っていて、どうやったのか教えてくれる?」と言われました。内心、自分のクラスではないところで、あまり関係を築けていない子達に対して結構厳しい指導をしてしまったかなあと心配していたのですが、子ども達は、私の指導で自分達の読む声が変わって達成感を得てくれ、普段音読であまり指導されていない反面「歯応えのある指導」を楽しいと思ってくれたようでした。高学年であっても、しっかり指導されるのは嫌いではないようです。

高学年への三原則指導においては、「ハキハキ」が一番苦戦すると思います。「しっかり声を出しましょう」と直接的に言ってもほとんど無意味です。個別評価や活動を工夫して子どもが自然に声を出したり、出さざるを得ない状況をつくり出したりすることが有効です。

例えば、第3章で紹介する活動に「ペア読み」があります。ここでは、しっかりとした声を自然と出すために、立って距離を取ってペアで○読みをするなどします。クラス全員が取り組んでいることで自分だけがやらないというのは逆に自分が目立ってしまいますし、相手に声を届けないとなかなか○読みが進まず、それも目立ってしまいます。ですから、子どもは自然としっかりとした声を出すのです。このように、ペアで○読みするという当たり前の活動も、少し工夫すれば有効になります。

「ハキハキ」以外では、しっかりと「正しく」を指導することです。特に「句読点までひと息で読む」ということをしっかり徹底していくべきです。音読指導をほとんど受けずに高学年まで来てしまうと、十中八九、それぞれが好き勝手なところで区切って読みます。下手すると、一文節ごとに区切って読む子さえいます。先述の私が補教に入ったクラスでも同様でした。ですから私は、「違います。『、』や『。』まで区切らずに読みます」と繰り返し伝えるだけでも、子ども達は段々身を乗り出すように音読にのめりこんでいきました。高学年の説明文や物語は一文がかなり長いものもあります。それを「句読点までひと息で」を徹底すると、それまで好き勝手に区切っても何も言われなかったのが、かなり長い部分をひと息で読まなくてはいけなくなるため、負荷が大きくなります。「自分は音読なんて余裕でできる」と思ってナメていたのが、一気に歯応えのある活動に変わるわけです。これがやる気に繋がります。

「スラスラ」に関しては、句読点までをひと息にということをきっちり指導していけば、自然とよくなっていきます。高学年ですから、とにかくどんどん素早く読ませるようにしましょう。1分間に500字程度読めるようになれば十分です。

三原則を守った音読を全員ができるようになったら、積極的に「意味句読み」に発展させていきましょう。高学年はその気になれば、三原則を守った音読はすぐにできるようになります。それなのに、さらなる上の段階を用意しないのは、子ども達のやる気や活動の停滞を招いてしまいます。

「意味句読み」には上限はありません。しかも、音読劇のように動きをつけたり、読み方に感情をこめて表現したりするような、高学年の子ども達が恥ずかしがるようなことは求めないので、取り組みやすいという長所もあります。あくまで「どのような意図でどのように区切って読むか」ということを交流していけばよいので、全員が参加でき、かつ読解力や思考力も伸ばせる活動になっていきます。

ここまで、各学年への音読指導で気をつけるべきことを挙げてきました。全て私が音読指導をしてきての経験を踏まえて述べましたので、これらを頭に入れて指導に当たると、本書の指導法が機能しやすく、効果も出やすいと思います。ただし、ここで示したことはあくまで参考情報です。目の前の子どもをよく見て、指導をしていくことが最も重要です

▼年間音読指導スケジュール

これまで述べてきたことを年間音読スケジュールとして表にまとめておこうと思います。ただし、音読指導は子どもの様子を見て指導すべきことが決まっていくことが多いので、「漢字指導法」（『クラス全員が熱心に取り組む！漢字指導法』明治図書）のときほど厳密に捉えなくても大丈夫です。あくまで「目安」や「参考」として捉えてください。

	年度初め
指導の重点	三原則の「指導」 ・具体化・共有化を図る。 ・ある程度の厳しさをもって指導する。 ・個別評価の徹底。
読ませる教材	・国語教科書の「読むこと」教材。
適した学習活動	・音読の個別評価 ・マルテン読み ・○○ごと読み ・ペア音読 ・題名・作者読み ・たけのこ読み ・暗唱テスト（希望者）

年度中盤	年度終わり
三原則の「確認・定着」 ・音読の機会を絶やさない。 ・他領域や他教科でも音読していく。 ・三原則を緩めず、子どもに求める。	三原則を「離れる」 ・文章内容を読み取り、意味のまとまりで区切る「意味句読み」。 ・「超高速読み」「微音読」から「黙読」へ。
・国語教科書の「読むこと」教材。 ・「読むこと」以外の領域の教材。 ・他教科の文章。 ・別教材。	・三原則を守った音読 ↓国語教科書だけでなく、他領域・他教科も。 ・三原則を離れた音読 ↓「読むこと」教材。
・音読の個別評価 ・つっかえたらダメ読み ・音読対決 ・1分間高速読み ・15秒間超高速読み ・暗唱テスト（希望者）	・音読の個別評価 ・推理音読 ・微音読 ・考えて、お手挙げ音読 ・暗唱テスト（希望者）

第3章

必ず押さえたい
音読指導技術&
楽しく力がつく学習活動

ここまで、音読指導に関する理論と実践について述べてきました。

第2章が「こうすればいい」というハウツーではなく、「このような方向性で指導していきましょう」という、いわば「実践理論」のような章であったので、ここからは、さらに具体的にハウツー面も紹介していきたいと思います。実際の教室で、すぐ使える指導技術や学習活動を紹介していきます。

音読指導は、ある意味「即興的」です。子ども達の「読む声」はすぐに消えていってしまうからです。他の領域と比較すると、このことは明らかです。

「書くこと」の指導であれば、子ども達の書いた文章が残るのでそれを読みながら、指導の方針を練ることができます。

しかし、音読指導ではそうはいきません。子ども達の読む声はすぐに消えてしまいます。その場ですぐに、どう指導するかを考えていかなくてはいけません。

そのため、本章で紹介するような、具体的な「ハウツー」は、音読指導においては非常に重要になってきます。

例えば、高学年を担任していて子どもの読む声が小さいとき、どのような学習活動を行えば自然とハキハキ声を出すようになるか、子ども達の読むスピードがダラダラしているとき、どのように声をかけたり指導したりすれば読むスピードが上がるかなど、問題に即座に対応していくには、「ハウツー」をある程度知らなければなりません。

刻一刻と子ども達の声は消えていってしまうので、音読指導においては、「ハウツー」を知らなければ、目の前の問題に即座に対応していくことはできないのです。

「ハウツー」は、明確なねらいのもと、適した状況において運用することでその効果が存分に発揮されます。どのような子ども達にも、どのような状況でも盛り上がる活動というのは確かに存在しますが、行き当たりばったりに「ハウツー」を使っていくだけでは、その真価は発揮されません。

本章では、音読指導に関する、私が実践してきて有効であった指導技術や学習活動を紹介します。「ねらい」や「運用上のポイント」を明記しますので、それらを押さえた上でご活用いただけると、よい効果がきっと表れるはずです。

指導技術は、子どもの読みに問題があったときなどに即興的に活用ください。子ども達の読み声を大きく変える指導技術を集めました。知っているだけでもうまく使えるチャンスが広がります。

学習活動は、普通に音読させるだけではマンネリ化してしまうのを防いだり、子どもが楽しく音読に取り組んだりする効果があるものを集めました。ぜひご活用ください。

指導技術 1

追い読みは2、3文字かぶせる

対象学年：全学年

▼ねらい

・緊張感とメリハリのある、追い読みを実現する。

・子ども達の読むスピードを上げる。

▼手順

1　追い読みをする。

2　子ども達が一文を読み終える最後の2、3文字くらいのところで、教師は次の文を（あるいはその文をもう一度読ませたい場合は、その文をもう一度）読み始める。

3　それを繰り返す。

▼ポイント

＊追い読みは、普通にやると子ども達が飽きてダラけてきます。追い読みは、教師が一文を実際に読んで読み方を示し、その後子どもに読ませるので、一人で読む場合より2倍の時間がかかります。そのため、子どもはなかなか集中が続かず、飽きてしまいやすいのです。そこで、子ども達が一文を読み終える最後の2、3文字を待たずに教師が次の文を読み始めてしまいます。たったこれだけで、ダラーっとしがちな追い読みが、メリハリと緊張感のあるものに変化します。急がしすぎてはいけませんが、普通に追い読みをやっているだけではダラけるのは、私の経験上ほぼ間違いないので、少し急がせるくらいの意識でちょうどよいかもしれません。

＊ポイントは、「2、3文字かぶせる」というところです。これが、多すぎるとかなり長い箇所を教師と子どもが重なって読んでいるこ

とになるので、それでは追い読みの本来の目的である、正しい読み方を教えるということが成り立ちません。

＊この文はキチッと読み方を指導した方がいいな、という場合には次の文に行かずに、一旦追い読みを止めて、「この文は〇〇のように読みましょう」などとひと言アドバイスを入れてから追い読みを再開するとよいでしょう。

＊この指導技術を使うと、子どもの読むスピードを上げることもできます。教師がどれくらいのスピードで初めに読むかにもよるところもありますが、2、3文字かぶせる追い読みをすると概ね子ども達の読むスピードは上がっていきますので、その点もおススメです。

指導技術 2

「目ずらし」を指導する

対象学年：全学年

▼ねらい

・今読み上げている箇所と目で見ている箇所との差を意識させる。
・読むスピードを上げていく。

▼手順

1　スラスラと素早く読める人は、今読み上げているところと目で見ているところとは違うことを説明し、教師が実際に読んで見せる。
2　今読み上げているところよりも目を先にずらすことを意識しながら音読練習させる。
3　うまくできていない子には個別指導をする。

▼ポイント

＊「目ずらし」は、声に出して読み上げている箇所と実際に目で見ている箇所とがずれて、後者が先に行っていることを表した言葉で、野口芳宏先生が使われた言葉です。教育心理学では、「Eye-Voice Span（EVS）」と呼ばれています。これらは、スラスラと淀みなく音読していく上で欠かせないものです。
＊「目ずらし」は、指導しなくても勝手に習得することがほとんどです。しかし、これを明示的に指導し、子どもに意識的に行わせることと自体に意味があります。音読が苦手な子達に対して、明示的に「スラスラ」を指導するほぼ唯一の方法が「目ずらし」を指導することです。
＊全体指導でなかなか要領をつかめない子には個別指導をしましょう。一朝一夕でできるようにはならないことがほとんどですが、このような子達に対しては個別指導が有効です。

ここを見るよ。
読んでいるところは見ないよ。
ということからも…

おススメは、教科書を倒させて、教師が文を指さし、「先生が指さしているところを見るんだよ。今読んでいるところを見てはいけないよ」と伝え、子どもに読ませます。子どもが読み上げている箇所よりも2、3文字先を常に教師が指さしてあげ、視線をリードしていってあげるのです。

指導技術 3

個別評価の際の声かけは「厳しくも温かく」

対象学年：全学年

▼ねらい

・個別評価の際、子どもに適切な声かけをすることで子どもの音読力とやる気を伸ばす。
・先生はしっかり見てくれているという感覚をもたせ、宿題の音読練習へのやる気も高める。

▼手順

1　一人ひとりの音読を聞く（「個別評価の仕方とポイント」は127ページを参照）。
2　教師はどのように声かけをしようか考えながら聞く。
3　一人ひとりに声かけ（フィードバック）を簡潔に返していく。
4　子どもの表情やその後の様子を観察しておき、教師の声かけはどうだったか振り返る材料にする。

▼ポイント

＊個別評価の際に、子どもにAなどの評定以外に返すひと言は非常に重要です。一人に対してやる気を高められるような言葉をかけられるかどうかは、クラス全体が音読を頑張る雰囲気になっていくかを左右するのです。
＊適切な声をかけられるかどうかは、子どもをよく見るしかありません。次のような観点でよく見て、前回の音読からのよい変化をなるべく見つけられるようにしましょう。

・「ハキハキ」はどうか。声を張って読めているか。
・「正しく」はどうか。読み間違いや区切りをいい加減にしていないか。

・「スラスラ」はどうか。つっかえたり、遅く読んでいたりしないか。
・自信をもって読んでいる様子かどうか。
・自分なりの工夫をして音読するような様子はあるかどうか。

これらを見ていけば、評定は上がらなくともよい変化を見つけ、子どもに「前よりも○○がよくなっていたよ」などと返せるはずです。特に、評定が上がらなかった子に対しては、このような言葉は不可欠です。

＊「厳しくも、温かい」というイメージで声かけをしましょう。しっかり伝えるべきことは言いにくいことでも伝え、それでも頑張りや成長は認めることがポイントです。

＊個別評価の際の声かけを考える上でも、前掲（130～131ページ）の深澤（2020）は非常に参考になります。

指導技術 4

子どもの読み間違いは見逃さず、なるべく気づかせる

対象学年：全学年

▼ねらい

・読み間違いに対して適切に対応することで、子どもが「正しく」読めるようにしていく。

・読み間違いに対して見逃さずに指導することで、子どもはよりしっかり練習しようとするようになる。

▼手順

1　子どもの読み間違いを見つける（見逃さない）。

2　どのような指導をするか考える。

3　実際に指導する。

▼ポイント

＊読み間違いに対する教師の指導法は、第2章でも述べた通り「手がかり（間違えた語の前まで読む）」「無反応（意味を取り違えていないとき）」「短否定（例「いや」）」「質問（理解を問う）」「教える（正しい読みを教える）」「ヒント（単語の初めの音を言うなど）」などがあります。見逃さずに、意識的かつ意図的に（「この子は読む力が高いのに間違えたから、ただ否定だけしてみよう」などという具合に）これらの手の中から選択し、実行し、その効果を振り返ることで教師の指導技術として定着していきます。

＊絶対に外してはいけないポイントとしては、「正しく読めるまで指導すること」です。「違うよ」と指摘するだけで終わるのではなく、子どもが正しく読めるようになるまで指導してから次の子なり次の文に移るべきです。放っておいても正しく読めるようにはなりませ

ん。

＊指導法の選択の際のポイントとしては、子どもの読む力に合わせてなるべく自分で気づけるようにしていくことです。例えば、読む力が高い子は、自分なりの文体のようなものがあるため、逆に読み間違いをすることが多いと市毛（1991）では指摘されています。そのような子達は読む力があるにもかかわらず間違えているわけですので、いきなり「教える」ではなく「短否定」などでもう一度文に目を通させれば気づけると思います。一方、読む力が低い子に対してもなるべく自分で気づかせるようにしつつ、無理であれば「ヒント」や「教える」という手を使って正しく読めるようにしていきましょう。

指導技術 5

個別指導のポイント

対象学年：全学年

▼ねらい

・音読が苦手な子に対して個別指導することで、やる気と音読力を高めていく。

▼手順

1　三原則の音読指導をしっかり行っていく。

2　「個別評価」や「○読み」の際などに、個別指導が必要な子を見つけておく。

3　休み時間や給食の前の時間などを利用して、一対一で苦手に応じた個別指導をする。

▼ポイント

＊音読の個別指導が必要な子はそこまで多くはなく、野口（2012）には「クラスでせいぜい1割」と書かれています。「スラスラ読み」は、9割の子は一斉指導でできるようになりますが、クラスで多くて1割ほどの子はそうではない場合もあります。そのような子達を放っておかずに見つけ、個別指導していくことは、非常に重要です。

＊個別指導は本当に多種多様です。子ども一人ひとりが違うからです。ですが、絶対に外してはいけないのは、「やる気を失わせないこと」です。ここを外してしまうと、教師がいくら手を打っても効果は出ません。

＊「やる気を失わせないこと」において重要なのは、恥をかかせないことです。皆の前で何度も失敗するなどして「自分は音読ができないんだ」と思わせてしまうと、より音読が下手になっていきます。ですから、一対一で指導する必要があるのです。

＊個別指導を始める際は、本人の意思を確認し

個別指導は恥をかかせず
一対一で！
大豆
だいず！

ましょう。「○○さん、音読もっと上手になりたいかな」と聞いてあげるのです。いきなり「○○さんは音読が苦手だから先生と練習しようね」では受動的すぎます。「うまくなりたいです」と自分の口で言わせることに意味があります。

＊個別指導では、子どもが何につまずいているのかを掴むようにします。三原則の音読ができない子の多くはたどたどしくつっかえながら読んでしまうので、「目ずらし」を一対一で指導します。「先生の指さしているところを見るんだよ」と教師が指で視線を先に先にリードしてあげます。低学年の場合、そもそもひらがなやカタカナの読みがすぐに出なかったり、語を認識できていなかったりすることもあります。フラッシュカードなどでひらがな、カタカナ、単語を見せて瞬時に読み上げさせるところから始めるとよいでしょう。

指導技術 6

ひらがなの読み間違い、読み飛ばしの重大性を子どもに認識させる

対象学年：中学年〜高学年向き
時間：5分

▼ねらい

・日本語において、ひらがなで書かれる助詞や接続詞は文意を決定したり掴んだりする上で非常に重要であることを教師が認識し、子どもに伝えることで、ひらがなを大切に読むようになる。

▼手順

1 ひらがなの読み間違いや読み飛ばしがあったら、決して見逃さずに見つける。

2 そのひらがなの言葉がどのような意味をもつか個人あるいは全体に投げかけ考えさせる。

3 他の重要なひらがなを見つけさせ、発表させる。

▼ポイント

＊日本語において、「は、を、が、こそ、も、さえ」などの助詞や「しかし、だから、ところで」などの接続詞は非常に重要です。例えば、「は」が使われるのと「こそ」が使われるのとではかなり意味が変わってきます。「太朗は優勝者だ」という文と「太朗こそ優勝者だ」とでは、そこから取れる意味合いが変化します。接続詞に関しても同様です。助詞や接続詞は日本語において非常に大きな役割を果たしています。そして、これらはひらがなで書かれます。ひらがなで書かれており、一見音読するのは簡単そうに思えるところが逆に厄介です。子どもは難しい漢字の読みは集中しても、ひらがなはナメていい加減に読み間違えたり、読み飛ばしたりする場合があります。そういうことをしていると、いつま

でたっても「言葉を大切に扱う子」には育ちません。一語一語の意味を深く考え、思慮深く言葉を使おうとする子には育ちません。まずは、教師が「日本語においてひらがなは重要だ」という捉えをもつことが重要です（音読におけるひらがなの重要性に関しては芦田（1987）でも指摘されています）。

＊子どもがひらがなを読み飛ばしたり、読み間違えたりした場合は指導のチャンスと捉えましょう。例えば、「2センチメートルほど取り」を「2センチメートル取り」と読んでしまった子がいたら、一旦音読をやめ、この二つの意味を比較させます。すると「ほど」という言葉の重要性に気づけるでしょう。そこで「音読ではひらがなをよく見よう」と声をかけます。一方的に教師が指導するよりも、子どもから出てきたものを使って指導する方が子どもには強く印象に残ります。

指導技術 7

「、」や「。」の前を優しく読ませる

対象学年：全学年

▼ねらい

・句読点の前を優しく読むよう心がけさせることで、子ども達の音読を格段に上手くする。

・句読点の前を優しく読むようにすることで、自然と「高↓低」で読む癖をつけさせる。

▼手順

1　文末を強く読むような読み方を子どもがしているのを見つける（見逃さない）。

2　「、」や「。」の前は優しく読むことを伝える。

3　あえて「、」や「。」の前を強く読む読み方をさせたり、逆に優しく読む読み方をさせたりして比べさせ、意識的に優しく読む読み方ができるように指導する。

▼ポイント

＊日本語の音読では、一文や一意味句を「高↓低」で読むのが普通です。逆に「低↓高」というように読むと、一気に下手に聞こえますし、幼く聞こえます。音読指導を受けてきていない子ども達は、「しっかり声を出すように」と言われると、高学年であっても「低↓高」で読んでしまうことが多々あります。しかし、そのような子達に「文の初めを高く、終わりを低く読むんだよ」と伝えても、なかなか理解できない場合もあります。そこで、もっと単純に「『、』や『。』の前を優しく読むんだよ」と伝えると、できるようになる子が増えます。優しく読もうとすることで、自然と低い音で文を終えることができるのです。その変化は自分自身でもすぐに分かり、上手になったことを自覚することができるので、

さらなる音読へのやる気に繋がります。

＊指導は、子どもから出てきたときに行うのがよいでしょう。個人のミスを取り上げるのではなく、全体で読ませたときに多くの子が文末を高く、強く読んでいる場合、それを取り上げて指導していくとよいでしょう。

＊教師が「、」や「。」の前を優しく読む読み方を示した後、次にその逆に強く読んでしまう読み方を示して比べさせましょう。なるべく子どもに気づかせるのが重要です。その後、子ども自身に2通りやらせてみます。あえて下手な読み方、文末を強く読む読み方も意識的にやらせることで、その逆の正しい読み方も意識的にできるようになっていきます。

注）文末を高く、大きな声で強く読んでしまうことに関しては、野口（2012）では「文末強調」「語尾強調」と、岩下（2018）では「文末りきみ」「文節末りきみ」と呼び、共に否定しています。下手な音読の一つのバロメーターともいえるでしょう。

指導技術 8

音読の重要性について語る

対象学年：高学年向き

▼ねらい

・音読に対して目的を見失い、やる気が低下してきがちな子ども達（特に高学年）に対して、音読の重要性を伝えることで、目的観をもって音読に取り組めるようにする。

▼手順

1　音読はなぜ大切なのか、なぜ取り組まなくてはいけないのかということについて、子ども達に尋ねてみる。

2　出てきた考えを整理する。

3　教師から音読の重要性について伝える。

▼ポイント

＊多くの学校で、音読は問答無用で宿題として課され、子ども達はやることを「強いられて」います。しかし、そんなに重要視されて子ども達に強制されている音読の意義や目的は十分語られているでしょうか。「大切だから家でたくさん練習するんだよ」では、特に高学年の子ども達には通用しません。しっかりと子ども達に伝える必要があります。

＊まずは、子ども達に問うてどのような目的意識で音読に取り組んできたのか、意見を出してもらいましょう。恐らく、「お話が分かりやすくなるため」とか「授業で皆で読むときに理解しやすくするため」とかが出されるでしょう。それらを一旦受け止めてあげましょう。

＊その上で、出されなかった音読の意義については、教師から伝えればいいのです。絶対に外してはいけないのは「音読できる力は、読

〇〇〇小学校１年△組　　XXXX年XX月XX日

学級通信　NO.22

「スムーズ」に音読できることの重要性

　二つめは「読書」です。夏休み中にたくさんの本に触れるようにしました。ここで一つ有益な情報を。自己調整学習研究会編著『自己調整学習』（北大路書房）という本に次のように書かれていました。

> **「小学校低学年第一の課題は、ひらがなを中心とした文字の習得と、それらを用いて文や文章をスムーズに読み書きできるようになること。」**
> **「文字を読む流暢さはのちの読解力に関連する」（p.150）**

　低学年において大事なのは「スムーズさ」、つまり「流暢さ」だそうです。

　この時期に文字を「流暢に」読み書きできる子はその後読解力を含めた学力が大きく伸びるそうです。今の１年生の学習に当てはめると「音読」と「書きリレー（教科書教材をひたすら書き写すこと）」です。「流暢さ」に磨きをかけていくことの意義は大きいようです。

　このような背景から、今後も「音読」と「書きリレー」に力を入れて、子ども達の流暢に読み書きできる力を高めていきたいと思います。

　たくさん知識を身につけ、たくさん自分の頭で考えて、子どもたちと一緒に成長していきたいと考えていますので、今後ともよろしくお願いいたします。

解力や学力全体にも大きく関わっていく」ということです。高学年は音読をナメてかかる傾向があります。そんな音読が読解力や学力全体にも関係しているということを知ると、ある意味音読を見直すはずです。

＊ただし、クラスに音読が極端に苦手な子がいる場合には慎重にすべきです。これまでの学年で周りから「音読が苦手な子」と捉えられていたり、本人が音読に対して苦手意識が強かったりする場合、「音読する力は学力全体とつながっている」という情報は、マイナスに作用する可能性があります。

＊上のように、学級通信などで、保護者にも知ってもらうことも有効です。私は、学級通信に音読の重要性について参考文献一覧と一緒に載せていました。

指導技術 9

子どもの音読をモデルにして指導する

対象学年：全学年

▼ねらい

・上手に読めた子や自分なりに工夫して読んだ子の音読をモデルにして、他の子どもの音読への意識や技術、友達の音読をよく聞く態度を伸ばす。

▼手順

1　ある子が上手に読んだり、工夫して読んだりしたら、他の子ども達に「今の○○さんの上手なところ分かる人？」と尋ねる。

2　挙手している子を当てて、出させていく。

3　最後まで出なかったら、教師が教える。

▼ポイント

＊「このように読みましょう」と指示されるよりも具体的な読み声を聞かせる方が、子どもは分かりやすいものです。その読み声がクラスの友達であれば、なおさら「自分も頑張ろう」と思います。ですから、子どもから上手な音読や工夫した音読が出てきたときは、クラス全体に広げていくことが重要です。

＊「上手に」とは三原則を特にしっかり守りながら読めることです。例えば、「いつもよりしっかり声が出ていた」「非常にスラスラ、なおかつハキハキ読めていた」「長い文にもかかわらず、つっかえずに句読点までひと息で読めていた」などです。これらを見逃さずに取り上げ、クラス全体に広げていくことは、三原則の「指導」や「定着」にも役立ちます。

＊「工夫して」とは、自分なりに文章の内容が聞き手に伝わりやすいように読もうとしていることです。例えば、「登場人物によって声

おーーい！
遠くまで聞こえるように、
力いっぱいさけびました。
いいね！
遠近感を
出そうと
工夫しているな。

色を変えて読んでいる」「声の大きさを使い分けて遠近感を出そうとしている」「説明文で何度も出てくるキーワードを強調するように読んでいる」「筆者が読者に呼びかけるように読んでいる」などです。本書で、全員に対して発展指導していくべきとして取り上げた「意味句読み」（区切りで自分の読解したことを表現する読み方）でしたが、一方、ここで取り上げた「工夫」には声色、抑揚、高低などの総合的な表現力も含まれます。これは、なかなか全員に求められることではありません。ですが、もし子ども達から出てきた場合は、教師は見逃さずに、広げていくべきです。そうすれば、音読が「上限のない」活動になり、学力の高い子も、そうでない子も夢中で取り組む学習になっていきます。重要なのは、教師が見逃さずに、子どもから出てくる工夫を想定しておくことです。

学習活動

マルテン読み

対象学年：全学年
時間：全文を読む時間×1.2～1.5倍くらいの時間

▼活動内容

句点（。）だけでなく、読点（、）でも読む人が交代していく読み方。

▼ねらい

・句読点で読む人を交代することで、句読点を意識し、句読点までひと息で読む「句読点読み」の基礎を育てる。

・いつも行っている「○読み」とは違う交代の仕方をすることで、緊張感が増し、楽しく音読できる。

▼手順

1 「○読み」と同じ順番で回っていくが、今回は読点でも読む人が代わること、一人で読んでいるかのように無駄な間を空けてはいけないことを子ども達に伝える。

2 練習として1列（4人ほど）やってみさせる。

3 ペアや4人組、クラス全体で回していく。

▼ポイント

＊この「マルテン読み」を行うと、句読点を強く意識するようになり、結果的に「句読点までひと息で読む」という正しい区切りの読み方が上達していきます。

＊「○読み」には子ども達は慣れているのですが、ずっとそれでは飽きてきてマンネリ化していきます。そこで、「マルテン読み」を取り入れると、新たな刺激になり、子どもたちも楽しんで取り組みます。

＊初めはペアや4人組で回すとよいです。ペアで練習させたあと4人組で、という順番で取

り組んでいくとスムーズに行えるでしょう。

また、班対抗で素早く「マルテン読み」するのも面白いです。指定した箇所を読み終わったら班全員で「はいっ!」と手を挙げるというルールで、どこの班が一番早く読み終えるかを競うのです。班で協力して心が一つになります。

＊ルールが分かったらクラス全体で回していきます。「〇読み」から「マルテン読み」になるだけで、いつ回ってくるか分からない、という緊張感が教室に漂います。また、「一人が読んでいるように間を空けずに」とか「前の人から2秒空いたらアウトです」などと言って始めると、より緊張感の中で楽しんで取り組みます。

＊クラス全体で回す際も、全文を読むのに何分だったなどタイムを記録するのもよいでしょう。

学習活動

○○ごと読み

対象学年：全学年
時間：普通に読むのと変わらない

▼活動内容

列ごと、号車（2列のまとまり）ごと、男女ごと、班ごと、奇数番号・偶数番号ごとなど様々なまとまりごとに読んでいく読み方。

▼ねらい

・一斉音読へのスモールステップとして取り組む。

・声を合わせて他のグループと交代で読んでいくことで自然と競い合い、より声が出る。

▼手順

1　文の区切れで教師が「次、号車ごとに1号車から○読みします。さんはい」と一緒に読むグループ、どういう順番で読むかを伝える。

2　ある程度読んだらまた「○○ごと」を変えて読む。

3　最後はクラス全体で読む。

▼ポイント

＊クラス全体で一つの文章を、しっかり声を出してなおかつスラスラと声を揃えて音読できると、クラスの一体感が増します。高いレベルでクラスが揃った音読ができるというのは、クラスの音読力が育ってきたかを表す一つのバロメーターです。全員が三原則の音読が出てきていないと、決してそろわないからです。しかし、クラス全体の音読力が育っていない場合、これは難しいことです。一人ひとりの読むスピードや区切るところが違って途中でバラバラになってしまったり、非常にゆっくりになってしまったりします。また、ずっと全員で一斉音読だとだらけてきたり、他の子

が声を出すから自分はいいやとサボってしまったりすることもあります。そこで、まずは列ごとや号車ごとなどでしっかり声が揃うようにしていきましょう。クラス全体で揃わなくても、列ごとや号車ごと、班ごとなどの少人数であれば揃いやすくなります。

＊初めは、少人数であっても揃わないこともあります。多くの場合、非常にゆっくり読んでしまうのです。そういう場合は「ストップ。いつもそんなスピードで読みませんよね。思い出していつもと同じスピードで揃えてください」と言ってやり直しをさせます。「スラスラ」で揃うのが大切です。

＊少人数グループごとに交代しながら読んでいくことで、自然と競い合い、一人ひとりの声がいつもより出ます、最後は、「全員で。さんはい」で一斉音読をし、クラス全体で揃えて読みます。

学習活動

前向きペア読み&向かい合いペア読み

対象学年：全学年
時間：5分ほど

▼活動内容

ペア音読を前向きのまま行ったり、立って向かい合って音読したりする。

▼ねらい

・相手に声を届けるのが難しい状況でペア音読を行うことで、自然としっかり声が出る。

▼手順

1　ペアをどのように組むか決める（横、縦、斜め）。

2　前を向いたままペア音読を行ったり、立ってペアの友達と向かい合って音読したりする。

▼ポイント

＊特に高学年になってくると、しっかり声を出して音読しなくなってきます。そのような中「しっかり声を出しなさい」と伝えても、あまり効果はありません。「声を出さなければならない状況」「自然と声を出してしまう状況」を設定することで、自然と声が出てきます。

＊ペア音読はとても一般的な活動ですが、ペアが隣でも縦でも、斜めであっても前向きのまま音読します。普通は、相手の方を向いて読みますが、「前を向いたまま」という縛りがあるので相手に声が届きにくくなります。次ページの写真のように、前を向いて読んでいますが、ペアは縦です。縦の2人がペアであっても、どちらも前を向いたまま相手に声が届くように読まなければならないため、高学年でもしっかり声を出すようになります。

＊ペアで立って距離を離して向かい合って音読

するのが「向かい合いペア読み」です。号車の端と端あたり、次に2号車をまたいで端と端（左の写真）、最後は教室の端と端で読むと相当声が出てきます。

＊読む単位は「〇読み」にします。指定された範囲を読み終えたペアから席に座って2週目、3周目を読むというルールにしておくとよいでしょう。

学習活動

どこまで聞こえるかな読み

対象学年：全学年
時間：３分

▼活動内容

一斉音読をしている際、教師が教室から出て行き、遠ざかって歩く。どこまで子ども達の声が聞こえたかを子ども達に伝える。

▼ねらい

・遠ざかる教師に届くように、自然としっかりとした声で音読する。
・子ども達がどれだけ声をしっかり出したかが、教室からの距離という形で可視化される。

▼手順

1　これからクラス全体で一斉音読をすること、途中で先生は出て行って教室から歩いて遠ざかって、どこまでみんなの声が聞こえるか聞きに行くことを伝える。
2　一斉音読をする。教師は教室から出て遠ざかっていく。
3　教室に戻ってきて、子ども達にどこまで聞こえたか伝える。

▼ポイント

＊この活動も、「自然としっかり声が出る」活動です。「家庭科室まで聞こえたよ」とか「今日は体育館まで聞こえました」などと、子ども達が頑張って読んだ頑張りが「可視化」されます。
＊遠くまで聞こえてほしいからといって、怒鳴る子が出てきます。活動の前に、怒鳴るのではなく、声を張って読むのだということを確認しておくとよいでしょう。言葉だけで伝わらない場合は、教師が両者の違いを示したり、実際に子ども達にやらせてみたりします。

＊ある程度一斉音読が揃うようになってきてから取り組むようにしましょう。そうでないとバラバラになったり、ゆっくりになってしまったりして、音読自体の学習が成り立たなくなります。

＊ある程度読み慣れた教材で行いましょう。その方が一斉音読が揃いやすく、自信をもって声も出やすくなります。

＊教室に帰ってきた後は、どこまで聞こえたかを伝え、「みんなこの前よりももっと声が出ていたね」と頑張りを評価します。その後もう一度、今度は教師が教室にいる状態で読ませてみましょう。きっと今までよりもしっかり声が出ているはずです。声をしっかり出している、という状態を体験させ、それを当たり前にしていくのです。

＊本実践は、大阪の元小学校教師・金大竜先生のご実践を参考にしています。

学習活動

題名・作者読み

対象学年：全学年
時間：5分

▼活動内容

題名を高く、作者を低く読む「高↓低」の読み方をピンポイントで体験的に練習する。

▼ねらい

・題名を高く、作者を低く読むことで「高↓低」をピンポイントで練習し、コツを習得する。

・題名と作者だけなので気軽に取り組め、なおかつ上達が実感できる。

▼手順

1　何も言わずに何人かに題名と作者を読ませてみる。

2　良かったところを褒めるが、足りなかったところがあることを伝え、題名は高く、作者は低く読むことを伝える。

3　それぞれ練習する。

4　何人か代表で読ませ、その変化を褒める。その後全員で何度か読む。

5　教科書に載っている他の題名・作者（筆者）も「高↓低」で読んでみる。

6　文についても同様で、「高↓低」で読むことを伝える。

7　文を「高↓低」で読む練習をする。

▼ポイント

＊ここに挙げた「手順」は、初めて「題名・作者読み」を導入するときの手順を紹介しています。何度か行う場合は、1、2を省き「題名は高く、作者は低く読むこと」を簡単に確認した後、3から入って大丈夫です。この「題名・作者読み」は、指導前後で子どもの

読む声が大きく変化するため、子どもは成長を実感しやすい活動です。音読へのやる気を喚起するという意味でも、三原則の「正しい」を指導するという意味でも重要ですので、年度初めの方に行うことをおススメします。

＊「高い」と「低い」で子ども達に伝わらない場合があります。教師が積極的に見本を示すことが重要です。少し大げさに題名を高く、作者を低く読みましょう。また、反対に題名を低く、作者を高く読む読み方も比較対象として示すことで、子どもはより分かりやすくなります。

＊題名と作者だけなので、読む対象が絞られており、子どもは取り組みやすいです。ここでつかんだ「高→低」の読み方は、基本的にどの文を読むときにも使えることも教え、文を読む活動にも展開していきましょう。

学習活動

たけのこ読み

対象学年：全学年
時間：5～10分

▼活動内容

自分が読みたい箇所を決めておき、その箇所が来たら起立して音読する。それをクラス全体で「一人が読んでいるように」繋げて読んでいく。

▼ねらい

・積極的にみんなの前で音読する態度を養う。
・楽しみながら三原則の音読を身につけることができる。

▼手順

1　教師から指定されたページの中で、指定された数（1～5くらい）の文を「自分が読む文」として決めておく。
2　自分が読む文が来たら起立して音読する。
3　途切れたら教師にポイントが入る。途切れずに指定されたページを読み切ったら子ども達にポイントが入る。

▼ポイント

＊教師のポイントにするか子ども達のポイントにするかは教師が判定しますから、たとえ音読が途中で途切れなかったとしても「声が小さかったなあ」とか「つっかえていたね」など三原則の音読から外れていたら教師のポイントにしてしまうことで、三原則の音読を子ども達に徹底することもできます。
＊単に交代しながら、自分が決めたところで立って読むだけでも子ども達は楽しく活動しますが、「先生対みんな（子ども達）」のようにポイント制にして行うとさらに盛り上がります。

＊初めは教科書に載っている詩の授業の際などに行うとやりやすくてよいでしょう。その場合は文の数ではなく、行の数を指定します。指定する行（文）の数は最初5くらいにしておきますが、段々減らしていき、最後は1にします。すると、よく考えて読む箇所を決めたり、話し合って役割分担したりする姿が見られます。授業参観などでもおススメの活動です。

＊初めは、「他の子と重なってもよいのでとにかく読む」というルールで積極性を養います。その後「被ったら即座に譲り合って一人が読む」というルールを追加します。初めは戸惑いますが、続けるとスムーズにできるようになります。後に「指名なし発表」「指名なし討論」にもつなげられる活動です。

学習活動

暗唱テスト

対象学年：低学年～中学年
時間：休み時間など
準備物：合格を表すシール

▼活動内容

教科書に載っている説明文や物語を教師の前で暗唱する。

▼ねらい

・音読活動の「上限」を暗唱という形で取っ払い、元々音読が得意な子も意欲的に練習に取り組むようになる。

・暗唱するために何度も何度も練習することで、三原則の音読が自然と身につく。

▼手順

1　希望者が休み時間など授業時間外に教師をつかまえて、「〇〇の暗唱テストお願いします」と言って暗唱する（授業進度に余裕があれば授業時間内に行ってもよい）。

2　最後まで暗唱できれば、教師が合格を出し、その説明文や物語の題名の上に合格の証のシールを貼ってあげる。

▼ポイント

＊この暗唱テストは、全員が取り組むのではなく、希望者が取り組みます。音読の学習を、三原則の音読をすることに留めず、文章そのものを覚えてしまうようなところまで求めるようにすることで、「上限」が取っ払われます。元々音読が得意な子達は、三原則の音読も比較的早くできるようになります。暗唱テストは、そんな彼らにとって「次なる目標」になります。そうすることで、音読が得意な子も自分の力を存分に発揮できる場ができ、イキイキと取り組むようになるのです。ただし、先述のようにこれは全員が強制的に取り組む

のではなく、あくまでも「希望者（やりたい子）」が取り組むようにします。とは言っても、クラス全体の音読への熱が高まってくると、一部の子だけでなく、たくさんの子が取り組むようになります。友達が取り組む姿を見て、自分もやってみよう、と雪だるま式に増えていきます。

＊暗唱テストは、文章量が短めな低学年向きです。中学年でも行うことはできます。低学年～中学年での、「三原則の音読」の発展の一つとして取り入れるとよいでしょう。発展させたいけれど「意味句読み」はまだ少し難しいかなというときに、音読が得意な子の「次なる目標」としてピッタリです。

学習活動

つっかえたらダメ読み（完璧読み）

対象学年：全学年
時間：5～20分（子ども達の音読のレベルによる）

▼活動内容

三原則を守った音読ができている場合は読み続け、つっかえたり間違えたり発音が不明瞭だったりしたら失格となり、次の人が代わりに読む。それをクラス1周回していく。

▼ねらい

・緊張感のもと音読練習の成果を発揮する場を設定することで、より一層音読へのやる気を高める。
・音読の三原則のさらなる徹底が図れる。

▼手順

1　いつもの「○読み」と同じ順番で回していくこと、つっかえたり間違えたりゴニョゴニョしていたりしたら失格となることを伝える。
2　実際に読む。判定は厳しくする。
3　一巡したら、クラス全体でどれくらい読み進めることができたかを黒板やホワイトボードなどに記録しておくとよい。

▼ポイント

＊「つっかえたらダメ読み」という名前ですが、実質的には「三原則を破ったらダメ読み」です。「ハキハキ」「スラスラ」「正しく」が少しでも守れていなかったら即アウトにします。判定は厳しくするのがポイントです。甘くすると活動がダレて、子どももつまらなくなります。判定が厳しく、半分以上の子が1文目でアウトになるくらいの方が子どもも「もっとやりたい！」と盛り上がります。
＊アウトにするときはひと言何がダメだったか言います。「声が小さい」「ゴニョゴニョして

いる」「遅すぎます」「句読点以外で休みました」などです。これらを続けていくと、間接的に三原則を「指導」「定着」していくことに繋がります。これが重要です。何度も口で「ハキハキ」「スラスラ」「正しく」と伝えるだけでなく、子どもの読み声を使って、ひと言評価していくことで、それを聞いた子ども達は「あれくらいの声ではしっかり声を出せていないんだな」とか「もっと素早く読まなくてはいけないんだな」としっかり理解できていきます。

＊アウトになったら、その文を次の子も読みます。その子もアウトになったらその次の子も同じ文を読むことになります。つまり、完璧に読まないと読む箇所が全く進みません。下手をすると同じ文を10人くらい読むこともあります。一巡したらクラス全体でどこまで進めたか記録します。

学習活動

音読対決

対象学年：全学年
時間：5～10分

▼活動内容

ペアをつくり、交互に音読していき、ミスを指摘されることなく一段落読めたら1ポイント。それを最後まで繰り返し、どちらがポイントを獲得できたかを競い合う。

▼ねらい

・三原則の音読力を楽しみながら伸ばすことができる。
・友達の音読をチェックすることで、三原則の「定着」が図れる。

▼手順

1 音読三原則を確認し、2人組をつくる。
2 一人ずつ1段落ずつ読んでいく。ただし、途中でつっかえたり、句読点以外で区切ったり、読み間違えたり、ゴニョゴニョと不明瞭になったりしたら、相手はそれを指摘する。指摘されてしまったら、読む人を交代して、また同じ段落を読む。
3 ミスをせず指摘されずに段落の最後まで読めたら1ポイント。読む人を交代して次の段落を読む。
4 最後まで繰り返していき、最終的に獲得ポイントが多い方の勝ち。

▼ポイント

＊三原則を守った音読の「定着」のための活動です。三原則という「基準」があるからこそできる活動でもあります。基準がなければミスを指摘することもできないからです。自分が三原則を意識して読むときはもちろん、相手の音読を聞き、それが三原則をしっかり守

れているかチェックすることでも、三原則が「定着」していきます。

＊原理は「つっかえたらダメ読み」と同じです。「つっかえたらダメ読み」はチェックするのが教師で、厳密にチェックできた反面、一度で読めるのが一人なので一人ひとりの音読量は少なくなってしまいがちです。一方「音読対決」であればチェックするのは子ども同士なので、一気に並行して行え、一人ひとりの音読量を確保できます。

＊ただし、子ども同士がチェックするので、そのチェックが原因でもめないよう事前に指導しましょう。特にもめやすいのが「声の大きさ」についてです。事前に「声の大きさは人それぞれですが、その人が休み時間に出している声よりも小さければアウトですね」と基準を示すとよいでしょう。

学習活動

1分間高速読み

対象学年：中学年～高学年向き
時間：3分

▼活動内容

1分間で自分がどれだけ読めたか文字数を数える。

▼ねらい

・自分の音読のスピードを把握できる。
・スラスラ読むことへの意識を高める。

▼手順

1　三原則を守った音読をすること、なるべく素早く読むことを伝え、1分間音読させる。
2　1分間で読めた文字数を数える。題名の横に日付とともに文字数を書く。
3　全体でどれくらい読めたか確認していく。
4　何人か全体の前で読ませる。

▼ポイント

＊ある程度読み慣れた文章を用いて行いましょう。そうでないと、つっかえたり、いい加減に読んだりしてしまう子が多くなります。
＊各発達段階における基準を示すと、より子どもはどれくらい自分がスラスラ読めているかが分かります。各発達段階における基準は、先にも述べましたが、次の通りです。

中学年…1分間300字
高学年…1分間400字

これに合わせて、ＮＨＫアナウンサーは300字ということとも伝えるとよいでしょう。

また、これはあくまでも基準なので、子どもが三原則を守りつつさらにすばやく読めそうならば、300字を350字に、400字を450字になど、目標をより高めていくとよいでしょう。

1分間で
400字を
目指すぞ！
ハキハキ
スラスラ
正しく！

＊読むスピードを上げていくことは、読み上げる力の向上に繋がり、黙読にも繋がっていくので重要ですが、子どもが「とにかく早く読めればいい」「とにかく文字数をたくさん読めればいい」とならないように注意しましょう。あくまで、「三原則を守って」素早く読めることが大切です。代表の子に読ませる際、「それでは早すぎてハキハキ読めていないね」などと三原則を外してしまうことを制していくようにしましょう。

学習活動

15秒間超高速読み

対象学年：中学年～高学年向き
時間：3分
（あれば）準備物：カード

▼**活動内容**

15秒間、句読点も無視してとにかく高速で読み上げる。

▼**ねらい**

・読み上げるスピードを「1分間高速読み」よりもさらに上げ、微音読、黙読へと繋げていく。

▼**手順**

1 とにかく素早く読むこと、声はしっかり出して読むこと、句読点で区切らずに読んでいいことを伝える。
2 15秒間読む。
3 どこまで読めたか確認する。
4 何度か繰り返す。

▼**ポイント**

＊「1分間高速読み」が三原則を守って読む音読だったのに対し、「15秒間超高速読み」では、三原則を離れて、句読点で区切らずにとにかく高速で読み上げます。次の「微音読」に繋がっていく読み方です。体を揺らしながらものすごい勢いで読み上げるので、15秒間という短い時間に設定しています。文字数を数えてもよいです。低学年でも15秒間で150～200字ほど読み上げる子も出てきます。

＊子どもに話すポイントは、「とにかく素早く読むこと」「句読点で区切らずに読んでいいこと」「声をしっかり出して読むこと」です。素早く、句読点で区切らずに読ませると自然と声が小さく、ゴニョゴニョしていきます。これは自然なことです。ここで放っておくと、「とにかく早く読めればいい」とか「とにか

く先まで読みたい」という感じになってしまいます。ゴニョゴニョと正確に読み上げず、いい加減にしてしまう子もいます。なので、「しっかり声は出すこと」ということも伝えます。すると、三原則を守った音読よりは声が小さくなるのですが、いい加減に読むのを防ぐことができます。

＊何人か全体の前でも読ませてみましょう。友達の読みが刺激になり、自分も頑張ろうという気持ちに繋がります。また、あまりにも急ぎすぎてゴニョゴニョしてしまっている子に対して「ゴニョゴニョしていて読めていません」などと制することで、他の子達も急ぎすぎるのを防ぐことができます。

＊「1分間高速読み」「15秒間超高速読み」とともに、中学年以上に適していますが、音読力が十分育っていれば低学年でも行うことができます。

学習活動

黙読に繋げる微音読

対象学年：中学年～高学年向き
時間：5分

▼活動内容

声に出さず唇だけを動かすだけで音読をする。

▼ねらい

・「15秒間超高速読み」から発展して、声を出さずに素早く読むことで、黙読へとより近づけていく。

・「目ずらし」のスピードをさらに高めていく。

▼手順

1 「微音読」のやり方（声に出さない、心の中で読み上げる、唇を動かす）について知る。

2 3分間実際にやってみる。

3 どこまで読めたか全体で確認する。

4 慣れてきたら唇を動かすのもやめ、黙読をしてみる。

▼ポイント

＊「15秒間超高速読み」をさらに発展させ、より黙読に近づけたのが「微音読」です。既に使われている言葉ですし、その定義には諸説あるかもしれませんが、ここでは「声を出さず心の中で読み上げ、唇を動かすだけで読み上げていく読み方」とします。三原則の音読を離れて黙読へと移行していくための指導の具体的な音読方法です。

＊読み上げるスピードは、自ずと「15秒間超高速読み」と同等あるいはそれ以上になります。ですから、「微音読」に取り組む前に「15秒間超高速読み」で読むスピードを十分高めておくことが重要です。「微音読」に取り組むと、声に出して読んでいたときよりもさらに

スピードが上がるので、目ずらしのスピードもどんどん上がっていきます。これが黙読のスピードを上げることにも繋がります。

＊再三述べてきているように、小学4年生頃から黙読優位になっていくと言われていますが、その頃でもうまく黙読ができていない子がいれば積極的に黙読移行の指導をしていきましょう。既に黙読ができる子にとっても、「微音読」に取り組むと目ずらしのスピードがどんどん上がっていくので、黙読のスピードを早めていく効果があります。

＊基本は読み慣れた本文で行いますが、時折初見の文章で行いましょう。どこまで読めたか確認した後、自分が読んだ文章の内容を問う発問をしましょう。高速で心の中で読み上げながらも文章内容を取れているか確かめます。「読む→内容確認」が黙読指導の基本です。

学習活動

推理音読

対象学年：中学年〜高学年向き
時間：5分

▼**活動内容**

意味句読みを一人の子にさせ、他の子は「どこで、いくつに区切って読んでいたか」「どういうことを考えてそのように区切って読んだか」を推理する。

▼**ねらい**

・意味句読みをしたり、友達の意図を推理したりすることで、意味句読みを定着させていく。

・友達の区切り方の意図を推理することで、文章内容の読解に繋がる。

▼**手順**

1　代表で意味句読みをする子を決める。

2　代表の子が一文を意味句読みする。2、3回読む。

3　他の子は、「どのように区切っているか」と「なぜそう区切ったのか」をノートにメモする。

4　音読を聞いた子から、「どのように区切っていたか」を発表させ、区切り方を確かめる。

5　音読を聞いた子から、「なぜそう区切ったのか」を発表させていく。出る限りは意見を全て出させる。

6　音読した子から、「なぜそう区切ったのか」を聞く。

7　音読した子の意図を聞いた上で、代案がある子がいれば発表させる。

▼**ポイント**

＊意味句読みを定着させていくための活動です。音読の仕方をよく聞き、区切り方から読み手の意図を推理したり、文意や他の文との繋が

真実は…いかに！？

りから区切り方の正否を検討したりする、高度な力を必要とする活動です。しかし、繰り返していくことで、できるようになりますし、意味句読みも定着し、考えて音読することが身についていきます。

＊事前に教師が指定した文で行うのがよいでしょう。意味のまとまりが明確だったり、他の文との繋がりが明確だったりする文を選びます。

＊代表で音読する子が、どのような意図でどのように区切っているのかについても、事前に教師が把握しておきましょう。初めは無作為に選ばず、しっかり意味のまとまりで、意図をもって区切れている子を選ぶようにしましょう。

学習活動

考えて、お手挙げ音読

対象学年：全学年
時間：5分ほど

▼活動内容

一斉音読しながら、教師が設定したテーマ(主語のところで手を挙げることなど)に該当する箇所を読むときは手を挙げながら音読する。

▼ねらい

・三原則の音読がしっかり根づいてきた頃、「考えながら読む」という要素を入れてレベルアップを図ることで、マンネリ化を防ぐ。

・読解の授業で扱っていることを復習しながら音読することで、学習したことを根づかせることができる。

▼手順

1 教師がテーマを設定する。「〇〇の箇所を読むときは手を挙げて読みましょう」

2 実際に音読する。一斉音読をしながらテーマに該当する箇所を読むときは手を挙げながら読む。

3 考えたり、手を挙げたりしながらでも自分の三原則の音読のレベルが落ちなかったか振り返る。

▼ポイント

＊三原則の音読が根づいてきたら、どんどんレベルアップを図りましょう。本書では意味句読みや黙読移行の指導をあげましたが、この「考える音読」もその一つです。「みんな、音読がだいぶ上手になってきたので、少しレベルを上げます」と伝え、本活動を導入します。

＊テーマ設定のポイントは、「最近授業で学習した内容」や「子ども達に根づかせたいこと」をテーマに設定することです。低学年で

あれば「主語・述語」「問いの文」「答え」「会話文」「主人公がしたこと」「物語の設定が書かれているところ」などが取り組みやすく、効果も高いです。中学年では、それに加えて「事例」「中心文」「初め・中・終わりの切れ目」「中心人物の変化したところ」「人物像が書かれているところ」などで手を挙げさせるとよいです。高学年では、低・中学年のものに加えて「筆者の主張が書かれているところ」「この説明文のキーワード」「筆者の工夫が感じられるところ」「情景描写」「対比されているところ」などがいいです。

＊読み終えた後は、必ず「いつもの音読よりレベルが落ちなかったか」を確認します。負荷を上げてもできることこそ本当に身についている力であることを子どもに説明します。

＊なお、このような「考える音読」については桂（2011）が参考になります。

おわりに

本書は、音読指導だけに特化して理論や実践について述べた本です。

特別な教材や手間のかかる特別な方法などは書いていません。基本的には国語教科書を使って、授業時間内に行える指導法です。

現状では、ほとんどの教室では音読の指導はされていない状況なので、本書に書かれている「特別ではない」指導法でも、しっかり行っていけば子どもの音読への姿勢や読む声は大きく変わっていくはずです。音読は昔から重視されている、基礎となる学習法であり、学習活動です。

それなのに、イマイチ指導法は確立されておらず、その意義も不明確ではないか、というのが私が教師になったときからの疑問でした。

ですが、初任者時代の私はどう指導したらよいか分からず、ただ読ませている、ただ宿題にしている、というような状況でした。

私がほとんど指導していないので、当然子ども達もやる気を出して取り組むという様子は全く見られませんでした。

そのような中、私が所属している東京国語教育探究の会の例会で、東京未来大学の神部秀一先生の音読講座を受けさせていただきました。

神部先生の音読講座では「句読点までひと息で読む」ということを学びました。それまで、恥ずかしながら私は何も考えず自分の好き勝手なところで区切って読んでしまっていました。神部先生の音読を拝聴すると、本当に「ひと息が長い」という印象を持ちました。

早速クラスの子ども達に「句読点までひと息で読む」ということを指導すると、本当に子ども達の読みが変わったのです。ほとんど指導できていなかったクラスでの音読に、どのような音読をすべきで、どのように読むのがよいのかという「基準」が生まれたことで、子ども達の読む声だけでなく、音読への姿勢も変わりました。

私はこのとき、子ども達の音読へのやる気を引き出すのは、教師の指導次第なのだと改めて気づかされました。それから、私は子どもたちへの音読指導を研究してきました。本書はそれをまとめたものです。お読みになられた先生方が音読指導を見つめ直し、子ども達の学力の根幹ともいえる音読力を育てていく一助になれば幸いです。

最後に、私の音読指導研究のきっかけをくださった神部秀一先生、本書執筆のきっかけやご助言、励ましのお言葉をいただいた明治図書の林知里さんにこの場を借りて御礼申し上げます。ありがとうございました。

土居　正博

引用・参考文献

青木幹勇（1989）『音読指導入門』明治図書
新井紀子（2018）『AI vs. 教科書が読めない子どもたち』東洋経済新報社
新井紀子（2019）『AIに負けない子どもを育てる』東洋経済新報社
荒木茂（1989）『音読指導の方法と技術』一光社
芦田恵之助（1987）『芦田恵之助国語教育全集』9巻　明治図書
市毛勝雄（1991）「音読指導」『国語教育研究大辞典』国語教育研究所　明治図書
市毛勝雄（2002）「音読のねらいは進化している」『教育科学国語教育』No.621　明治図書、5～7ページ
市毛勝雄編（2009）『音読・朗読・暗唱の育て方』明治図書
犬塚美輪（2012）「国語教育における自己調整学習」『自己調整学習』自己調整学習研究会編、137～156ページ　北大路書房
岩下修（2018）『国語力を高める究極の音読指導法&厳選教材』明治図書
大熊徹（1996）「音声言語教育研究―昔読・朗読教育の現在・過去・未来―」田近洵一編『国語教育の再生と創造　21世紀へ発信する17の提言』教育出版、86～99ページ
荻布優子・川崎聡大（2016）「基礎的学習スキルと学力の関連―学力に影響を及ぼす因子の検討：第一報―」『教育情報研究』第32巻3号　日本教育情報学会、41～46ページ
桂聖編著（2011）『論理が身につく「考える音読」の授業―説明文アイデア50―』東洋館出版社
桂聖編著（2011）『論理が身につく「考える音読」の授業―文学アイデア50―』東洋館出版社
加藤忠史（2007）「「脳を鍛える」ブームの根底にあるもの」『教育学研究』74巻2号　日本教育学会、152～161ページ

川島隆太（2002）『朝刊10分の音読で「脳力」が育つ』ＰＨＰ研究所
金田一春彦（1991）『日本語の特質』ＮＨＫブックス
齋藤孝（2001）『声に出して読みたい日本語』草思社
自己調整学習研究会編（2012）『自己調整学習』北大路書房
杉澤陽太郎（2000）『現代文の朗読術入門』ＮＨＫ出版
高橋俊三（1990）『群読の授業―子どもたちと教室を活性化させる―』明治図書
高橋俊三（1991）「発音・発声」『国語教育研究大辞典』665～668ページ　明治図書
高橋俊三（2008）『声を届ける―音読・朗読・群読の授業―』三省堂
高橋麻衣子（2007）「文理解における黙読と音読の認知過程―注意資源と音韻変換の役割に注目して」『教育心理学研究』55号　日本教育心理学会、538～549ページ
高橋麻衣子（2013）「人はなぜ音読をするのか―読み能力の発達における音読の役割―」『教育心理学研究』61号　日本教育心理学会、95～111ページ
高橋麻衣子・田中章浩（2011）「音読での文理解における構音運動と音声情報の役割」『教育心理学研究』59号　日本教育心理学会、179～192ページ
竹田眞理子・赤井　美晴「長文の音読と黙読が記憶に及ぼす効果：難易度の異なる散文と詩を用いて」『和歌山大学教育学部教育実践総合センター紀要』第22巻　81～85ページ
龍野直人（2013）「音読の指導観に関する一考察：戦後国語科教育における音読・朗読・群読の位置づけから」『信大国語教育』第22巻　11～21ページ
田中敏（1989）「読解における音読と黙読の比較研究の概観」『読書科学』33号　日本読書学会、32～40ページ
田中光夫（2015）『音読指導のアイデアとコツ』ナツメ社

野口芳宏（１９８６）「音読の技術の伸ばし方・そのポイント」『教育科学国語教育』No.369　明治図書、27～32ページ
野口芳宏（２００２）「音読の技術を『指導』しよう」『教育科学国語教育』No.621　明治図書、８～10ページ
野口芳宏（２０１２）『野口流　教室で教える音読の作法』学陽書房
八戸音読研究の会編（１９８５）『授業を変える音読のすすめ』明治図書
花坂歩（２０１５）「「音読・朗読」概念の再構築―「フォーカス」に注目して―」『国語論集』12巻　12～20ページ
深澤久（２０２０）「だからその子のために『技』を創り出す」『教師のチカラ』（日本標準）40号　８～９ページ
藤原悦子（２００３）「谷川俊太郎『ことばあそびうた』の教科書参入―〈声〉・〈日本語共同体〉の増幅」『横浜国大国語教育研究』18号　33～51ページ
藤原宏他（１９７６）「昭和50年度小学校教育課程研究発表大会集録　国語部会」文部省『初等教育資料』336、東洋館出版社、29～53ページ
松浦年男（２０１９）「小学校国語科における音読教育の目的と効果―文献レビューによる検討―」『北星学園大学文学部北星論集』第56巻第２号（通算第69号）25～42ページ
文部科学省（２０１８）『小学校学習指導要領（平成二十九年告示）解説　国語編』
山口政之（２００９）「音読指導における〈教育的タクト〉の考察―読み間違いに対する即興的支援のあり方―」『全国大学国語教育学会大会研究発表要旨集』117号　全国大学国語教育学会　250～253ページ
山口政之（２０１１）「音読学習時の読字行為に関する考察」『上越教育大学国語研究』25巻　51～62ページ
山田将由（２０１６）『音読指導入門　アクティブな活動づくりアイデア』明治図書

【著者紹介】

土居　正博（どい　まさひろ）

1988年，東京都八王子市生まれ。創価大学教職大学院修了。川崎市公立小学校に勤務。国語教育探究の会会員（東京支部）。全国大学国語教育学会会員。国語科学習デザイン学会会員。全国国語授業研究会監事。教育サークル「深澤道場」所属。教育サークル KYOSO's 代表。『教師のチカラ』（日本標準）編集委員。2018年，読売教育賞受賞。

著書に，『クラス全員が熱心に取り組む！漢字指導法』『１年生担任のための国語科指導法』『新卒３年目からグイッと飛躍したい！教師のための心得』『初任者でもバリバリ活躍したい！教師のための心得』（いずれも明治図書），『教師の NG 思考』（東洋館出版社）など多数。

〔本文イラスト〕木村美穂

クラス全員のやる気が高まる！音読指導法

―学習活動アイデア＆指導技術―

2021年７月初版第１刷刊　©著　者　土　居　正　博

2023年１月初版第５刷刊　発行者　藤　原　光　政

発行所　明治図書出版株式会社

http://www.meijitosho.co.jp

（企画）林　知里（校正）井草正孝

〒114-0023　東京都北区滝野川7-46-1

振替00160-5-151318　電話03(5907)6703

ご注文窓口　電話03(5907)6668

＊検印省略　組版所　株　式　会　社　ア　イ　デ　ス　ク

Printed in Japan　ISBN978-4-18-106029-9